SV 8+9/90/

Thomas Kling

erprobung herzstärkender mittel
geschmacksverstärker
brennstabm
nacht.sicht.gerät.

Ausgewählte Gedichte 1981-1993

Suhrkamp Verlag

erprobung herzstärkender mittel erschien zum erstenmal 1986 im Verlag Eremiten-Presse; *geschmacksverstärker* erschien 1989 in der edition suhrkamp (es 1523); *brennstabm* und *nacht.sicht.gerät.* erschienen 1991 und 1993 erstmals im Suhrkamp Verlag

Erste Auflage dieser Ausgabe 1994
© Suhrkamp Verlag Frankfurt am Main 1986; 1989;1991;1993
Alle Rechte vorbehalten
Druck: Wagner GmbH, Nördlingen
Printed in Germany

Aus: *erprobung herzstärkender mittel*
(Gedichte 1981-1986)

erprobung herzstärkender mittel

nagel gespannt? von der größe
eines eines (flammenlosen) herzens
eines meerherzens eines echten
herzens von daumennagelgröße; eben
falls von der häkchengröße im
harzmeer, jawohl! und obendrein
(natur des herzens): vom vom da
durchgetropft dadurchgetropftwerden
durch dies umsichtig aufgespannte
vorsichtig dahingehängte meerschweinherz;
ja stimmt, muß man gesehn haben
so ein (rankenloses) herz mit häkchen
auf einem stillen laboraltar

kopf

das mußt du dir mal reintun   sequenzen
tobender brandungswind   ölschwarze strände &
KNIPS übergangslos zitternde affenpfoten
im shampoolabor & fix umgeschaltet auf schräge
feste vor knalliger fototapete   mußt du dir

reintun so sintflutvideos

die nonstop angekuckt werden können im
kopf (der äugt und frißt) jaja im

kopf einem geschützten fast zahmen viech
das ständig computer streifen ausspuckt
welt norm also babylon   kopfviech das
austauschbares zeuch rüberkotzt   filmchen wie
»das lebkuchenauschwitz der sprache« mit
englischen untertiteln versteht sich

echt scharf rund um die uhr
mußt du dir reintun so sintflutvideos
von clubsesseln und KNIPS elektrischen
stühlen aus rund um die uhr

kopf 2

-ort; gewächshaus, seziersaal, auch -torium;
hockergrab, scherbenfundstelle; anatomie -feld;
schattenreich, schattig (»schattenlahm«);

erst pflanze (fleischfressend), dann; erst
fleischdurchtrennung, kabelsalat, gabelkampf;
erst ein fleischfressn: (die zerteilung des
sonnentaus, das zuschnappen der -fliegenfalle,
das taudurchschlagen); dann: plötzlicher
vegetationstumult:
                ein kreischendes durcheinandergrün,
wo ligabue (oder cimabue?) den van gogh malt
beim ohrabschneiden, ein friedvoller kannibalischer
brunch; oder dies, eine andere idylle: in einer
planierraupenspur der papuakrieger in shorts unterm
walkman;
        das kreischende grün, ein dschungelgezeter;
darin heranrasende insektengeschwader; zustechende,
saugende pulks (...); zuletzt ein (stummer) kon
gress der genitivmetaffern, zueltzt (wieder) aufbahrungs
-ort.

wasserstandsbericht

pausenlos; dieses gießen, pladdern
pläästern, runterrinnen an den
fensterscheiben; voll von wasser
werd ich selbst, kopf und organe
voll davon; -kuppe werd ich (wie
von selbst), wasserkuppe von nagel
zu nagel (»wassergescheitelt die
sohle«, »hinstrudelnd«, »wasserwund«
undsofort);
      gießbäche, pausenlos,
zum kopf hin; fraglos hingenommenes
niederprasseln; geprassel und lächer-
liches herumfuhrwerken mit den (ge
prasselten) sprachen, pausenlos
ohne unterbre:
      den -fänger im auge
(etwas für vorstadtküchen und land
aufenthalte): schon vor entfachung
des regens haben sich schlappe fliegen
ins zimmer gerettet; das klebrige im
auge, diesen nicht einmal lautlosen
(also lästigen) tod pausenlos
wie das prasselt! hingehorcht:
»es schiebt die soundso geformte wol-
ke/sich rasend schnell daunddahin...«

zuleiberücken

schon ab halbsieben (handschuhe
und moonboots; stein und bein)
gekratzt die schanzarbeiten der
hausmeister, gescharrte aktivitäten
ihrer winterbezwingung, unermüdlich,
schartig; die salze, salzfäuste,
im arm umgekrempelt die säcke,
aschenbleche gehäuft, ausholend
die saatgesten, verbissenes loslassen
der granulate; gebrauchen eisen
zum schneisenschlagen, schleifen
tranchieren roden den neuschnee,
legen etwas frei, brechen die nacht
krusten auf vor den garagen, am
bordstein befestigen sie den februar
mit isabellen wällen; im treppenhaus
die hähne unterm frotteeturban (»bitte
wasser rinnen lassen«), und drin:
unausgesetzt die selbstporträts mit
dachlawine WANN ENDLICH GEWÖHNEN SICH
DIESE DICHTERIDIOTEN IHRE ABGETAUTEN
VEREISUNGSMETAFFERN AB

aber annette

aber deine härchen! dein blonz haar! aller
hand zerstückelt jetzt; deine schultern
machst du breit bei flackerndem atem aber
woanders (leck mich!); dein nacken aber
das stück mit den aufgestellten herrchen
wenn ich anderswo oder wer anders: ging
aber ganz schön schnell, unser ausgleiten
auseinandergleiten in nennenswerte entfernung!
entglitten die nicknames für herzen! und
das fällt ins gewicht; und schon wieder
sind zwei um eine tote sprache reicher
(verlernt), ein kaputtes pidgin mehr

amptate

> & der ofen rief: eat me eat me
> (goldmarie und pechmarie)

unsere augen tragen sprachamputate
vor sich her durch einbahnstraßen
sackgassen
                seltsame prozess
ionen seltsame reliquien in seltsamen
reliquiaren:
         bunte nägel mit zehen dran
(heilig) behaarte schädeldecken, verehrungs
würdige knöchelkettchen, o ningerfägel
ningerfägel (geiilh), antijungfrau der
antijungfraun, aa, tätige wunden, s/m, heil
transparenz nasser t shirts, befeuchtete
nippel, schweißtücher, uuh, heiligste mittel
oahh finger usf.
           »haarschnitt
sitzt gut im schritt mädchen (aufreißen)
echtsuper superaugen mädchen« (aufriß) meine
hochglanz wixvorlage meine
punk sense aus leder mein
fiorucci stundenglas
                röntgenplatte unsre
aufgerissnen augen:
stahlkugel der abreißkommandos die
fassadn eindrückt wie eierschale

ratinger hof, zb 1
für juliette

hände die nach reis fiebern,
nach – kontinentwechsel – reiß
verschlüssn; tablettenhände,
säure   »ICH KANN NACHTS«
im -gedrängel wächst meine hand
ums glas, wächst später um ihre
schulter; ihre neunzehnjährige
schalter wächst mir entgegn; »ICH
KANN NACHTS NICHT« zähne kappen
mein sehnerv, das schwappt alles
geen mein lederpanzerung, gegenseh-
nerv, gegen ihre nackte schulter,
gegen die zähne der reißverschlüsse
»MEER«: das insektengedrängel;
aus wespenhälsen schwappts stich
wort aufs stichwort, schwappts
gestichel, stechn »SCHLAFN« das
gestochne:

LASS DIE SATZSTANZE STANZN /
DIREKT DAS CHINESISCHE HOROSKOP / SCHICK
MIR DEIN HOPI TELEGRAMM / ICH GEB DIR
DIE WORTGAROTTE DASS DU SIE ANMIR
AUSPROBIERN KANNZ / „GÄNSEFÜSSCHEN" / ICH
KANN OHNE DAS WORT PRRSHNG NICHT LEHM /
LADI SATTSCHTNZE TNZN ich spür ihre
schönschwarzn fühler ich will mein
schöngelbes loswern ich geb ihrs
stichwort

ratinger hof, zb 2

wenn das die fraumutter wüßt das
herzimleib tät ihr zrspringn

UNTERM -ZERHACKER das schuhe zertanzn;
sorgfältig epilierte wadn vor den boxn
bockbierflaschn; das das zerhackn;
mitteilung aus dragée pupillen, -häute,
dezibelschübe; verunglückte mitteilung
durch milchglas, naja, durch trennscheiben
halt; reißende iris, rasierte muschi,
dezibelschübe, das lichtzerhackn die die
zertanzer in ihren »stiefel-muß-sterm«-
stiefeln
      walzer heißt pogo! vulkan fiber
wieder PVC! merkts euch! ihr säcke mit
den verrutschten kathetern mit den ein
gewachsnen unlackierten mit den den
nägeln an zehen an spitzfüßn an bettlägrigen
innen drin in altnkrnknheim

                        (achso mit-
teilung durchtrennscheiben – nichts mehr
aus dragéepupilln aus tablettenhand aus
pferchhäutn aus mehligem zahnfleisch hinter
infarktlippn; doch   eins noch   ihr verd
verdun   ihr verdunblick   ende der durch
sage) dezibelschübe, gezupfte brauen,
unter der der lichthacke das das zertanzn
IM DRITTN STADIUM FUNKTIONIERT AUCH DIE
ONANIE NICH MEHR DER PATIENT HAT KEIN B
DÜRFNIS NACH GENITALER BETETIGUN DER AN
BLICK DER GERUCH DI E BERÜHRUN DAS ABLE
CKN ODER KÜSSN DES SCHUHES GENÜGN

DEIN SCHNEERUSSIGES GESICHT über
stadtvierteln erinnerten gegenden
läßt den wald von birnam in mich
vorrücken »erlebte greuel« macbeth
»sind schwächer als das graun der
einbildung« deine entgrünten augen
durch mich durch dein potemkinscher
blick in den blonden neon dezember
daß ich die augen schließen muß
und der beton kriegt flügel fliegt
geradewegs in mich rein dein
äußerst schneerußiges gesicht lady

persisches pärchen

der halbsichtbare handschenkel unterm
beiseitegeschobenen blumenkleid; aus
dem geb lümten ärmel die schenkelhand,
halbsichtbar. der halbgeöffnete hand
rücken mit haaren liegt auf der per
sischen innenseite ihres halbgeöffneten
schenkels, seine hand (nicht beiseite
geschoben) also in ihrer vollends g
öffneten schenkelfläche, in behaarungs
nähe. der gemeinsame blick. ihrer behaarten
augen (geöffnet, braun): ihre persische
augenbetrachtung!

         & das seismische zittern
des betrachters, nicht wahr, wie wespen
fleisch, wie welpen, auf der suche (fieber)
nach behaarten haaren, während das beben
des beiseitegeschobenen, geöffneten paars
letztendlich nicht verzeichenbar ist. und
flugs auf die sprachdüse oder -drüse des
betr ach ters gedrückt, die augenblicklich
(oder -scheinlich) die interjektion »ah«
absondert

wespen

mit der zeitung / der illustrierten;
mit dem kehrblech; mit dem hand-
tuch (für oben / unten, fürs geschirr);
mit dem hausschuh. besonders in der
nähe von lichtquellen. indem wir be-
enden wir die fluggeometrie. -feld:
tapeten, fensterscheiben; schwarz
gelb. hingeknirscht (kurze knirschung).
schwarz gelb. panzerung (gesprengt).
schwarz gelbe. krümmung (mit fühlern).

-befall

die rechnung   es ist der sound
sovielte oktober   es ist noch
einmal hitzebefall   eine über
raschung   getürkte pflaumenbläue
auf geranienblättern hock ich
punkt mitten in der grüner punkte
der sprung der glas das gesprun
gene der sonnenbrille macht dem
tag es ist ein fallobsttag ~~einen
strich durch~~

kontaktabzug

fadnschein spiele/r; echsn; geb
lendete fädn (fan) nebst äugender
gespielinnen; schmelzendes eis, ex,
aufgeblendet; gerissene, und von
blendenden spielern wieder aufg
nommene fädn; äugendes eis; fadn
echsnspiele/r; eingespielte fädn
fädn; schön gefasel geblendeter ex
gespielinnen, ex kwiwitt zur eis
blende; augnfädn ex aus auf augn
schein; gespieltes abschmelzen g
blendeter, immer noch faselnder ex
augn beim eisspiel; schmelzende seidn
fan (tome); aufgeblendete fädnendn
beäugt (hübsche echsn), soda nn:

foto photo

1
      blitz; du
ein polaroid völlig in den
moment genommen; benommen; du
als grünstichig blaustichiger augen
blicklicher blick

2
ein demolierter straßenzug eine
allee steht wieder auf mit ihren
plötzlichen vogel stimmen aufgedreht
bis zum anschlag; eine handlung wird
wieder abwaschbar

3
(boshaft unerbittlich) enttarnungen
im DINformat; gerecht portionierte
situatiönchen an tischen tafeln ita
lienischen strändn; bei gipfelkreuzn,
neben krankheiten, kranken erzeugern,
kränkeren erziehern; schnapsgläser:
familienfeiern: schnapp
schüsse von todesfallen, unglücks
fällen, auf fellen köpfchengebende
babies die noch säuglinge heißn;

anekdoten annexionen axiome aus gips
aus baiser

4

stumme statements: slow motion heimat
film unter (bis zum anschlag) mücken-
zyklonen eines juniabends 1957 in bingen/rhein

5   (CIMITERO FAMILIENALBUM, APULIEN)
augenrand blaue bärte braue brustbild
erstkommunion familienfater faltn (ge
faltet) greisung hüte koloriert klein
kind knie (gebeult) »loculi« matrosen
anzug münder neunjährig orange rock
aufschlag säugling schaukelpferd seiten
lage schiebermütze schmal soldat stirn
faltungen strumpfhose (überm knie ge
beult) schwarz totnbrett unscharf ver
dienstmedaille verwackelte leichin wan
genfleisch weißlich zahnrand zusammen
führung zusammengezogn; diese gegend
kennt das wort diaabend nicht

6
            was?
so einen blick mund stirn wulst
soll ich (a) habn (b) gehabt habn;
»hier sagst du dauernd scheiße«

7
über jahrzehnte hinaus sprengsätze
intakt sehr festgehaltn in diesig
werdenden immer schon zurückgebliebnen
farbn; raffung, AM GRÜNEN REICH: s/w ge
zähnte vorkriegsverhältnisse (raffung);
sandfarbnes kaiserrhein; speichelanalysn;
blut, gruppen, bestimmungen; rhein
hessische vaterschaftsklagn im tiefflug
über ockenheim (WARUM IST ES AM RHEIN

8
AM RHEIN SO) un-
fotografiert bleibt die letale bauch
höhlenschwangerschaft der 14jährigen
aus gaulsheim (AM RHEIN SO)

abrede, gestellt

1
kleines auf dunstigen dienstwegn
(sudgrün) im hiesigen dunst gewagt:
kleines diesiges graffiti auf ex-
zellenz privatlimousine sudetengrün
riesig angebracht; (hoppla, mutig)

2
hinter absprechungen CHOR DER
GEKREUZIGTEN KRÖTN featuring
feuerwehrkapelle: »i hoab zwoa
ross im stall...«

3
                    hart.
gummi. geschosse. schrot&, heckler
rundkoch gelockert, ja, locker
sitzend, geradezu verlockung

4
CHOR DER ANGEPISSTEN KRÖTN:
»wie immer kann jede er ste silbe
und die folgn fehlsprachlich
schon gelogen sein; allerlei gummi
geschosse, absperrungen, absprachn

(wie abgesprochn) und deren folgn
fellsprachlich elegant rüber
katapultiert von sie, herrkörnig;
gelogen schon«

5
       und.
wie siehtn mein sperberherbst aus,
schrotkönig

6
KRÖTNKORPS, QUÄKEND: »pumpn aus
der sprechpumpe! aus der prech
pumpe pumpn sie die folgn und
dern folgn, alles aus der sprech
pampe! machn uns, äh, mit sprach
klebe uns völlig zugepappt«

berlin. tagesvisum

akkurat drei lettern
akkurat drei lettern an einem drei-
zehnten, am himmelblaun heinrichstag
im 12. monat, lies heinrich dezember (»wir
halten das pulver, unsern pulli, trockn«);

akkurat von akkurat
zwo grenzfüßn in pulver
schnee getretn, die drei
im übergang im über-
gang heinrich heine strasse wo

wir, kreuzbein bei prenzelbein, saßn,
den wartefrost tratn und sahn, daß
berg bei berg stand
akkurat (wie wir)
und impressionen in uns fraßn

(für Andreas F. Kelletat)

die mütze

nicht -schweiz, nicht -seenplatte; kein
abschweifen auf böhmische dörfer in-
formation über DIE POMMERSCHE MÜTZE! was
den waden der span   spanische stiefel
(dem eindrückn eiserner dorne), dem körper
die jungfrau JETZT TIEFER EINDRÜCKN bei
beäugung einer landarbeiterin in der
kerkerkruste SO ERZEUGEN WIR ZOTTELIGES
SCHREIEN, das der: eins Margaretha Stark,
des Hans Stark weib zwei das der Apollonia
Clementin, Kleins mutter, des Clemens Klein
frau drei das der Catharina Friedlerin von
Freudenberg, 45 jahr alt vier das der Anna
Hans Michels weib von Bettingen, 50 jahr alt
fünf das des Hans Stark sechs das der Catharina
Brönnerin, auch Stumpfin genannt ihnen folgten
am 24. juli folgende nach UND HEBEN LEICHT
DIE STIMME weiche ingenieurstimmen befragen
dich (bis zum -krachn); DIE MÜTZE UM DEN
SCHÄDEL GELEGT, die eisenbänder zugeschraubt
bis zum zerkrachn der schläfenbeine (»haben
Sie es sich überlegt...bald ist unsere ge-
duld -duld -duld«); nah stehen sich die
brauen   krägen werden geöffnet   der chef
wartet   nah stehen sich die brauen WIR
NÄHERN UNS ABERMALS DER STECKDOSE DURCH
BRECHN DEN STROMKREIS NICHT NICHT! NICHT!

käptn brehms verklappung
(seestück)

sag an lies ab deine richterskala
sack ab nimm die kurve die fieber
kurve verklapp sie; sei schlaf;
sei rochen zitter aal mit den augen
durch die der tag geht der tang; sei
schlafkrankheit; käptn brehm schreit
auf schreckt aus mangrovesümpfen
(aaltraum die tsetse) fliege auf der
schulter; sein ins-meer-finger sticht
zu: käptn b verklappt sein zeige
finger bei hochgrad celsius verklappt
sein auflagenstärke sein faunaraum;
muß tierchen abhaken immerzu; zusehends
sein brehm wirdundwird schmaler; seine
alben seine elben (tunnel) mit (bäuch
lings) geschwulst müssn verklappt wern;
DIE BERICHTE: vom schneebrett lostretn
(liane vulgo lawine); küstendienst
straßenzustand (»auf der a 3 kommts
ihnen«); weg- und wetterwarten; beobachtung
von homunculus stratokumulus undsofort;
der käptn verklappt sich: den klima
schalter umgelegt krächzend mit ver
eintem krächzn.

hirschmotiv

für annette

zusammen gebissen; hungrig, rauh;
gänzliches auslöffeln der atlantischen
tiefs, heißhungrig unsre windsbrautnächte;
rasche bildwechsel, ineinander
verbissn;
      sich gehnlassn, absackn
in betrachtung (den schaufler-,
halbschauflermonaten, denen
nachhängen?)
          in deinen blick versunken;
dein geflutetes kajal, gekenterter
augenrand! BORSTIGE ANMUT!
glitschige innenseiten, sintflut
zwischen den schenkeln   roter anblick
des haarknäuels, unser hirschhaar (»was?
roastbeeffarben? vorgequollne kinositz-
füllung? lichtspielpalast?«)
heißhungrig, rauh: so essen wir
den november auf

vages wasser, luft vage,
hallers hall

»-eigroß, von taubeneigröße« – »wie ein
taueisen, körnig« – »stark wie (tisch-)
tennisbälle!« – »taubeneis: rauher
himmelsschrot!«
        dieses niedergehen, eisig;
»dieser aufschlag!«; HAGELTAUB! gebro
chne notrufe:
        gedelltes blech, lack
splitterungen; handkantenschlag in die
wetterseite der dächer; feuchtes ziegel
mehl, grobe körnung, wuchtige nässe (»ver-
beult, -hagelt!«);
        knirschend ins juligrün
gesaust; landschafttiefe platzwunde:
                  IM
HAGELSCMUCK HEULEND: DIE WILDE JAGD
UNTERM STURMHUT/SAUFEDER GESCHWUNGEN
ein kurzundklein, ein »übersäet von«,
ein nieder (SCHÄDEL), deutliches zer
deppern, -schlagen (»aus 12 km höhe:«);
                  HAGEL-
SPRACHE STUMPFER GEGENSTAND; exakte
zertrümmerung der (DECKE): »hagelbild«;
schirmflimmerung   das schneeinnen (»ge
hagelt, eigroß«)

tarnfarbe. (höllen-)bruegel

1
scat ausm (erd)mittelalter,
augenschmerzend koloriert; tarnfarn,
neuerliches devon! darin herum
stapfend weltraumhelden, zurückgeschnellt
geworden in eine schachtelhalm
epoche; fluchtartige erneuerung!
»ZU SAGEN DAVON«; zurückgeschnellt
mitten in die ausbreitung landnahme
schuppiger ozeane

2
(»geschönte umbettungen«)
                        was gestellt war
so gänzlich gerädert, gänzlich stückwerk zer
stückt entstellt geworden; entstellung
landschaften SCHRÄUBCHENNATUR
gegenden zerstückelung, bewohnt unkenntlich
DURCH DIE LAPPEN, FELDRÄUMEN, FLUCHTARTIGES
VERLASSEN: »die hände auf dem kopfe TURBINENKOPF
angenagelt«, gewohnte unkenntlichkeit
geworden; auslöschungen durch

3

anekdoteninflation;
kindsvergnügung am bordstein, gräßlicher
monokelfund: in seitenlage (schon bekrabbelt)
in seitenlage das katzenaas dem eine
murmel, blickdotz, in die linke
augenbucht gedrückt wurde (...)

4

(»schinderkarren brabant«)
                           stulpendolch;
rotgezüchteter horizont, prätulipan,
und trott (gerasselt, getrottet); neuerlich:
»VIELES WÄRE/ZU SAGEN DAVON« davon!
mit ächzender nabe narbe dahin
dahinlamentiert, zockelnder schinderkarren
brabant, ungeweiht dahinlamentiert: »was
habt ihr mit meiner frau, lindenhüfte,
gemacht? sie liegt ganz gebraten im bette!«
geächzt; neuerliche scatsequenz, anekdotisch
AUS DER LUKARNE GEKACKT; durchrasselndes
schinderherz; »drudenkamm«, geächzt und
(geächzt): »geweihte (zerr)spiegel!
an den stallwänden!«

landmaschine

1
mit vollgepfropftem auge, bloß;
der himmel wird eng, hier auch:
                        twas neues wächst
das wuchert schon und zugekrebst
im handumdrehn die himmel, da gibt es
fremde knacklaute
»voll gehangen«, vollgepfropft mit
unentschlossnen flocken, eventuell (»ach
der winde/viererbande«)

2
ruhiggestellt, in die knie gezwungen
die dörfer, doppelt geschuppt;
                    schöne stirn,
schieferblau, hinter der eternitstirn;
spärlicher linienverkehr, PANZER und TRAKTOREN,
am -rand eine kaputtgegangne -meise; gelb-
eingesautes schuhwerk (geteert, leicht ab-
schüssig), die fußmärsche von gaststube
zu gaststube (resopal; MONTEURE und VERTRETER,
die pfote erhoben ein bettelnder hund,
das wirtstier);
                    unter 50 meter, geringe sicht;
verhangenes gehege, lungengehege, gestromt:

eine schlehengegend in klobigem licht; es strömt
in mich hinein! alles auf mich zu! ich rede nicht
von den jungen friedhöfen (30 jahre liegezeit),
diesen containern, liliencontainern, hinterm
heckenschutz, windfang, wo der schmied liegt
zwischen seiner frau und der 20jährigen
die 50 km fuhr um das nächste hochhaus

3

dies licht: schlechte schore; hier
hat der schinderhannes gedealt zwischen
geplünderten keltengräbern aufgemotzten
opeln römischen brückenköpfen voll-
genieselten helankapullovern auf den
wochenmärkten um nachts (trostlose
discobesuche) bei tempo 100 aus der
kurve zu fliegen (»voll erwischt«)

4

schiefe ebene, nebelgestromt;
mit bloßem auge:
                die winterbesen
das rücklichter der hagebutten;
voll feldspat liegen die äcker die
struppigen kuppen (ein stummfilm;
wir blenden mal eben blenden langsam
die wälder aus, hände in den taschen);
in den taschen die hände, harsche

schläfenbewegung: im zustechenden
schneeregen, hingestotterte furchen,
dirigiert eine ihren hund und rutschig

tag für rasuren

kreuzer der himmel, eisenhut;
ein rechtes eisensteinblau, starrend;
DER FÄHRT NOCH EINMAL AUF ZIEHT
ALLE REGISTER läßt die helligkeit radschlagen
bevor der kippen muß, wegknickt
der unbewölkte rest oktober;
verstärkung des lichtrests, lichtbegängnis:
tag für rasuren;
        bloß ablichten das, fest
halten GESTOCHEN SCHARF; noch verpuppt
schiebt sich das polaroid in deine hand;
gibst pulloverwärme dem verhofften standfoto
(scharf?);
        augenlandung, ungepanzert;
bevor der monat kippen muß, abkippen
in die dunkelkammer, der restoktober, landet
das auge (sterbend?), das pfauenauge,
auf meinem tisch: parkinsonflügel, fransenwurf;
wirft zerfranste schatten, schattenlängen
(gestochen? lichtbegängnis?); startet dann
im restlicht (unvermittelt!) gegen den kreu
zerblauen himmel, in gestochner schärfe

Aus: *geschmacksverstärker*
(Gedichte 1985-1988)

öffentliche verkehrsmittel

akribischer aufriß, jede menge
handzeichnungen, faustskizzen und
zwar beglaubigte FILM SIE ZUNÄCHST
EINE ÜBE RSICHT (RASIERMESSERTOTALE)
GEHN SIE DANN NÄHER RAN und abgefahren,
das goethesubstrat, regieanweisung:
hüsteln;
      geduckt, hinter einer ky
rillischen schreibmaschine: ejsenschtejn
nein buñuel;
      »ab
gebrochn!«, »eingedrungen!«; geglittene
badende klinge, sogleich minimalistischer
gong: jedesmal wieder dies hochgeri
ssene tonband!, (am ende abgebissn);
eine durchs taschntuch gesprochene
digitale frau die ihre haltestellen
verkündigt (»gefroren gemacht«); »ausaus-
aus!«, ins bild gerecktes stroheimkinn;
so rushhour drin und draußn dringt in
die köpfe, ballungszentren aufgekratzt;

(»beiseite gesprochn«); FÜHRN SIE SO
DENBE SCHAUER DURCH EINE EINE HALBTOTALE
WEITR INDIE SZENE UM deutscher monat,

angeritzt in der verkehrsmitte, deut
licher november, hingestürzte -nacht;

(»bei ungeputzten scheibn«)
-bedeckungen, blindgebliebene hände; auf
gekratzte knallige pärchen, speedpärchen
angeknallt (»gefroren gemacht, nachts«);
die in miles davis' trompete gebannten
amphetamindandys, ihre in abgestürzter
johannisnacht -belichteten augn DEN
DRÖHNENDEN BLOCKSBERG INSZENIERN WIR
AUSSER VOGELPERSPEKTIWE (REINGESCHOBNER
PROSPEKT, KAMERA UNTER STECHAPFEL);
unmittelbar: das hexen im dealerladen;
mit überbelichteten augn freundliche
gebrechliche punx (abgestürzt); am haupt
bahnhof gegrölte ortsangaben, rein-
schüttende fans, anweisung: heraldik und
dosnbier; (ab) JETZ FLIEGN! GLEICH! DILÖCHER
AUSM KESE! (brechn), weisung beiseite:
BESEELTE NATUR!;
       »sonz noch was?«, »wie
butter einge..« SCHLIESSLICH IN GROSS
AUFNAHME ZEIGN WAS IM EINZELN VORSICH
DEHT
    gebrochene flie
snbläue, halluzinierter meerschaum
schnitt reißverschluß schnitt an offenen
samstagen in heißn bädern die durch

gehend geöffneten pulsadern, gretchens
roter badezusatz ein eingeweichter
anblick HIER KEIN ZITAT! offiziell gegen
nulluhr beglaubigter aufriß, gretchensuppe
unter verschluß; strohs augn (»tief ein
gedrung!«, »knallt rein!«), aus eingestü
rzter perspektive diverse nasnsounds, solch
reinknallender underground, ausm off oheims
stimme: hope you girlies don't hold no hard
feelins 'bout t'nite..

(für Juliette Tillmanns)

düsseldorfer kölemik

        sorgsam
gebräunt; blondiert im hautkot-
ürfummel, getrimmte zungen; flaumige
bällchen über den pfoten, die
kahlen hinterteile GROSSZÜGIGER
HERR SUCHT DAME ZWECKS TAGESFREI-
ZEIT das stolzierte, das getrippelte,
mostertfarbne pisse sondern die ab
in regenhaut verpackt: zurecht-
geschorne silberpudel;
              (in anwalz-,
in zahnarztpraxen hängt penck
an der wand, »beschissene düssel
dorfer schule«);
            HOCHGLANS, ABZÜGE
AUF BARYTPAPIER
              im wortgestöber,
getrimmte zungen, die schneenasen;
unter gedimmter neoninstallation
die beine schmeißen EINE HEFTIGE
NERVENREVUE; stöbernde lawinen-
hunde bei pöseldorfer longdrinks;
an der theke katastrophenkünstler,
kralle im fischgrät (marcel duchamp
rotiert)
       »reden wir mal fraktur«,
»klar, typisch steinbock«;

                        die groupies
nippen am tequila, sunreis im grafen-
berger wald: im wildpark das ewige
rehefüttern POUSSIERLICHE SONNTAGS-
FOTOGRAFIE; »Auf der Hardt« ein
kinderspielplatz hexenbrennplatz,
recht spät (1738):
                »der Theufell:
.. so in Gestalt eines schwartzen
Mans .. so eine raue Mütze undt ..
stumpfe schuen angehabt«; das lodert
vorm unabgeholzten forstrest, kopf-
rest gründlich ausgeschildert! KEIN
MOHN UND/ODER GEDÄCHTNIS!
                            ab jetzt
huschen meerkatzen durch deinen
kopfzoo, glotzen aus deinen grünen
augen, aus meim meerkatzenaug blick
ich dich an: wir alle werden grüne
augen haben (...);
            schützengrün, schweiß;
torkelndes schützensilber, das peloton
legt rotgesichtig an; geflüsterte
bordelladressen, im wespenmonat
schießen sie den vogel ab
                HOCHGLANS,
LICHTEMPFINDL FILME, ABZÜGE AUF
BARYTPAPIER
            »wodka ist angesagt..«

wien. arcimboldieisches zeitalter

für Ernst Jandl

»so gingen sie durch
waffn bluthund leichn im
dunkel dahin, anmut:
zwei löwn gleich..«

1

WARNUNG VOR TASCHNDIEM! susi
heidi, sgraffito im seitenschiff;
chorgestühl bekritzelt, schwach;
herumgefahren werden die ewign-
lichter, bärtig im wespengekrächz:
»präludierende lichtbrause!«;
                          die kahle
strenge, gebetsstränge, strangulierte (»in
b?«) märtyrien; gott mars!, abgefeierte
donnerstage! im umstürzlerischen wald,
krongeseufz, die krachenden eichen;
das vier-, das vielfache: entfachte
parler, »betet an«, die die saitn, über
ladene in die -altäre (»etw. zum klingn bri-
gn«);
    WO koksdämon, gräßliches plakat
(bonbonpapiere, italienisch hingepappt), WO
ungenügende abwehr frazze und pu
pilleneller, hat (wenn er da gekauert!)

hatte er, TRAKL, dahier (»in g-dur«),
vielleicht hockend in entzugskrümmung.. das
erstarkn der orgel (obnhoch), daraus
der flammwerfer speit, wilderndes
herz und ab-
bruch

(für Friederike Mayröcker)

2
EINS, STOCK-IM-EISN-
platz darauf das chrysanthemen-
teepee, wassergespeist; langsam ge
streichelte augen .. dahinter die
sandler, arge bezichtigung (in l);
unsicher, in die gesichter geschwan
kt die flachn hände, hergestotterte
alkoholikerfaust; die zwitschern
in kodakkolor   fiakergäste;

                          cara
mustapha!, die sichel
belagert die operngasse; körper-
belagerung, noch immer; die ver
dammten, die spritzenschübe, mar
tialisches kontroll
organ

(für Dirk Schaper)

3
(»preis der tapezierer«)
                    sitz!
sorgsame hundeschur; die insignien,
die leine trag ich um den hals;
                    das endet
mit striemen, mein kind, auf gesäß und
rückn; deine verbrannten weichteile!, braun-
getretne brust! (...);
                    deinen genotzüchtigtn
körper beklag ich, blosfüßig bar dein
jüngstes herz (»die liebe tote«) angesichts
dieser zerrissnen scham, kopfschüttelnde
gerichtsmediziner

4
(»linz: pöstlingberg. die möglichkeit einer
notbremsung«)

4.1
pestamulette, gehütete annenhand;
hier dürfn nur schmiedeeiserne
††╪ aufgestellt werdn: 1895, um
2 1/4 früh; allhier; bordfunker,
wallfahrtsseel (»westphalen«); alt-
eisn ans mäuerchen gelehnt, ge-
knickte -sorger

4.2
   »lans tringue!« (rabelais);
die landsmannschaftn der buchen
landdeutschn donau
schwabm kar
patendt siembürger etndeutschm
saxnsud auf marmelstein, im winter
gesperrt ausgenommen hoch
zeizfahrzeuge

4.3
> die einsteigtüre
durch geeignete mechanische mitt
el offen:
> mit gläubigem herzn
flieh aufs neue geliebte MUTTER
ich zu dir DIE KUNST auch die kunst
eines zweitn arztes vermochte ihr
das augenlicht nicht zu   aufjubeln!
die noch vor kurzem von kummer u. leid
bedr / sie fühln der h. hat an ihn
geübt barm DIE MUTTER entlief die
kl. maria der hand der mutter eilte
nach vorne und betete laut: BITTE
HIMMELMAMI AUGI GUT WERDEN LASSEN ICH
VERSICHERE DASS ICH DAS MIT EIGENEN
AUGEN
> DAS KIND das heißer-
flehte das kind das 1 1/2 jahr nichts
sah konnte NORMAL sehen DIE MUTTER
sondern hielt an maria ist jetzt
29 jahre alt und mutter von DER VATER
der vater ist bei der vöest angestellt
DIE FAMILIE läßt die familie ihr elftes
kind studieren damit es p. werden kann

4.4
block zu 10 stück: b) für berg
bewohner mit ausweis, österr.
rotes kreuz im dienstkleid, in
valide mit straßenbahnmonatskarte und
für hunde DIE HUNDE MÜSSN AUSNAHMSLOS
EINEN ZWECKMÄSSIGEN MAULKORB TRAGN

4.5
(»bellevue«)
       1914 VIRIBUS;
dies also die caféterrasse;
aus den schloten ausstülpungen,
hochgeschobene hüte, raumgreifend,
diesige ausuferung;
               »jetzt ist pilz-
zeit«, unterm doppelbildnis (eineiig) kaiser-
licher katatonikerblick (einigeinig); es
kühlt der tee ab, die unermüdlichen
eigenschaften der zuckerstücke, im tal
qualmende aszendenten; die luft
stigmatisiert, gekappte fernsicht
und -blicke;
            treppe runter,
dem pfeil nach: SENSATION!, WELTKATZ-
HYGIENE, IGEL-SEX LUSTRAUH-SUPERFEUCHT
UNITIS 1915, das sind aussichtn, auf
den tischen unfaßbarer wallfahrtstinnef,
ein marokkanischer ober; mit dieser
scheibe reinige ich meine fingerkuppen die
pilgerzitrone spritzt in die gegend

5
(»waldviertel. ottenstein«)
                          unterm grenz-
mond grinsmond, voll; -gierige
dahlien, staketnstrunk; die volle bild-
stockflechte! (grenzbild, die schläfe
zugenadelt): gewucherts marterlland,
böhmische backenknochen, keltenmund, greif-
bares pfauen
              aug! der nacht-,
DIE ACHSNMACHT, EIN RIESENHAFTER
WAGN, der nadelfrost tritt auf; geduckt
-weglos beim mittelstreifen, kein schutz
der igelpanzer;
              gezirpte wiese da,
klarapfel (»kaltn zahn gemacht«), da
SAUSUNDBRAUS: der baum, so weidenart; bei
nahem hinsehn landepisten; gebraust!
insektenwucherung

(für Werner Kodytek)

6

(»penzinger schreittanz«)
                               gaumen-
segel gehißt, schutzengelchen
abgedreht: den würgeengel installiert
bei ignorierter warnvorrichtung; häß
liche botschaftn langen ein (»hand-
habung wie immer«);
                         überlagerte bänder!,
fading, stimmband gekappt, auch der
zum schweign gebrachtn landschaftn;
aus der membran, gekrächzter kehl-
kopf: die trauermessage, entstellter
hergekrächzter code (in fliegendem
wechsel auf den kaminsimsen der krähen-
vocoder); einstweilen unbeschadete
-nische hier, engerwerdende kluft ZU-
GESCHÜTTETE IM KOPF BIOTOPE:
                                   knir-
schend unter den schuhen verschüttungen,
mexikanische brocken, weggesacktes kranken-
haus; am vierten tag dann kehliges röcheln die
hechelnden retter konnte man hörn, umsonst
anschlagende hunde und frierend die ratlose
hundertschaft überm rastlosen atem überm
rest DIE FREMDERWERDENDEN VERSCHLEPPTN
SPRACHN, WACHSENDE SEUCHENGEFAHR, DIE
DÜNNERWERDENDEN STIMMEN: GEBEN
WIR ABC-ALARM

(für Reinhard Priessnitz)

geschrebertes idyll, für mike feser

seit acht gekokelt (»lüftchn wi
ausm ei gepellt«); zur erdbeerbowle
kommen kellergeister, brigitte-
leckerbissn reingezogn, pfundweise
fleischsalat und ersma bratnsaft
auf die krawatte;
                schon unerbittlich
urlaubsdias durchgejagt AUF EINZEL-
BILDER MUSS VERZICHTET WERN; auffer
terrasse volle pulle, allseiz gesichz-
entfachung angesagt, mallorcamild der mond
im quittenbaum (»den schein ma wieder
losgewordn«, »sollja n mongölchn sein«),
pappteller läppern sich im rettich-
schattn, nachundnach: rührseligkeitn!,
männertreu! mein lieber herr gesanxverein!
der rettunxsanitäter skatgesicht, die
ärmel hoch die fahnen später
                    & nebnschau
platz aufgemacht: -glas an kompottglas
nahbei kartoffelmuff, danebn vaters hobby
keller pralineposter an der wand DA ZÜKKTERS!
BOHREGGWIPPMENT!!, mit kettschuppfingern mit
karacho in irgendeinen feuchtn neilon-
slip (..)

da draußn weiter horrorvideo; g
gröhltes faßbier undundund, wildschwäne-rausch
aus allermund, dem schwulenwitzchen folgn
(glas ex) kräcker WER HAT DEN SCHÄRFSTEN
GARTNGRILL? WER HAT DI SCHÖNSTEN SCHÄFCHN?
 WER
HAT DAS GHETTO BOMBADIERT?, vor schluß die
stachelbeeren vollgereihert; (»irgenzwie
nach haus geeiert..«)

direktleitung

tritte gegn die -flügel gegn
gerangelte wühltische, ein
von-der-kette-gelassn!, unsägliches
drehtür-vaudeville und nicht sagbare
absagbare mühlenauftritte; fütterung
der raubtiere: am gerüst primatn-
gehangel, sumsemänner krabbeln, im
lakngewühl ein stallgerammel unwieder
bringliches insektnsystem oder kluge
witterung der wanderratte;
                        gerüstet; aufm
bau aufm turm die sprachpoliere (siehe untn,
kelle hoch) laute schlagend, lauteschl
agend zur rapunzelstund, belinste luke und
abgestiegn zur siebtn sohle: kienspan tropf
stein augnklapp; auf blutgerüstn, vorne
wird tapfer gestrickt, weiterhin das schwuppdi
wupp: kopf losgewordn, stückwerk hingekegelt
(»wirklich, ganze arbeit«);
                        gerüstet, wander-
stäbe für alle; hinter den stäbn in den
etagn im betoniertn granit: das flipperge-
flackert (»fink wie leder«, »leda an schwan
auf stahlfrequenz«, »zäh, windhund & fleißig:
kommen«, »plan 3, anruf genügt«), das auffla
ckern und auslöschn strohbässe fisteltenöre

feierliches kastratntum im bunkerchor, on stage
walkürensounds zischender prothesn: SCHON ACHZICH-
TAUSEND VORSTELLUN'! UNSRE BELIEBTE KONVENTION
ELLE NAPALM-OPERETTE! INCLUDING
   VÖLKERJACKPOT!

(»dochdoch, ganze arbeit«);

(»treffliche cs-granate«)
                      im ruhe zustand die
schattnmodelle; voll goldammerscheiße
schattnmorellen die augn, zugefiedeltes
heupferdohr, vom krausn mündchen quatscht
die entngrütze so stiefeln dichterzombies
bei neumond dreimal um den erlenbaum und
bis-zum-kotz-dich-aus das teufelsmoor
durchmessn; rührendrührendrührend pflatscht
lehmannscher kompott in rilkes einmachgläser; ja
ja, äpfel-im-schlafrock (handpoliert), schönge
strähntes sprachelchen im geibel-quast oh
geschlummerte inkontinenz im schnucknland, mil
dere leichnkosmetik VERKEHRSKONTROLLE
DÜRFNWAMA/
SIE HAM KEIN PROFIL DRAUF/TUT MIR LEID und wei
ter ruhezustand, gedehnter lorbeer, schnabel
tassn UNSER PARLIERMEISTER EMPFIEHLT: auch
den kuckucksuhrn & herrgottschnitzern von das
kritik kräftich auf die hohlen nüsse; im ü
brign gilt (die tatn untn, s. o.): pralinenmeisterin,
zeig dein kandiertn schoß!

verkehrsfunk

für Mike Feser

anbei ein besonderer grün
donnerstag
      es nähert sich NOCH
NICHT IM BILD der ernste laichzug,
geduckte landfahrer; kriechspur
drauf zu, schon böschungsquerung;
betritt unkend die bahn, schiebt
sich zur fahrbahnmitte JETZT IM BILD:
die komplette krötenwanderung! (geblähtes
spiegelglattes basedow)
          ach autobahn
kreuz, vergebliche manöver
          »heinz!
der wagen bricht!« (bei ins feld segelndem
vorderreifen); schons blech zusamm-
geschobn, verkeilt, entgrätete karossen;
-teile, gestierte rufe, rußhelfer
SCHÄRFER STELLN über teile stolpernde
seitenschneider, rettungssanitäter
GENAU IM BILD hinschlagend im löschschaum
im krötenbrei in gesperrter trümmer
landschaft (»viehische veranstaltung«
»aufgespießt«, »glatt abrasiert«);
aus offnem wagenschlag dazu ein polkaschub,
verkehrsfunk meldet: »vorsicht
krötenwanderung«

waldstück mit helikopter

        »da die schatten
sich einbuddeln, die tage   wimmelndes
mäusenest   sich rasend vermehren und frisch-
operierte verstrahlte engel in ihre
krebshäute eingenäht die augen
zur dekke richten..«;
              WEITE RIMTEXT;
                        kein jogger;
die hand am gemskrickelgriff auf belichteter
lichtung, geblendete lichter, nacht- und
pechblende; nach tierblut riechender
kofferraum; gereckte eisenopfertiere,
die krust an der schlinge;

(»als hirschfänger«)
            ins bild springend;
von der bundesstraße   gerecktes geweih
im warnschild   direkt ins wohnzimmer
gegenüber der schrankwand springendes
-wild; (»sehen sie die fotografien, diese
fototapete! sehn sie sich das an!«)
                    ein blau
hechelnder jogger und WEITE RIMTEST;

über unsren köpfen die drohne!
und abgeschwenkt; die druckwelle
entfernt sich, nachdröhnendes
hubschrauberohr; hochhackige spazier
gänger und silben (»waldsilber«, »ein
milder abend«), vorbeihastende joker;
treibersuff im restforst und jagdherrn;
gekonnte abschüsse, besudelte zweige,
sprachquoten erfüllt, ebenso sperber-
abschuß; die strecke numeriert und
preschend zuschlagende herbstmanöver (»am
brennenden waldrand MG-nest ausgeräuchert,
kaum flurschaden«, »fröhliches fuchs-
vergasen, halogen!«) durchs holz
brechen die leopards;
                  ent-
farnung!, ».. die weite im text da
der farn braun wird, die tage sich
besudeln tarnungsgemäß und
in der ferne..«,
                  (schon entfernt)

blutbilder, ansichtskarten

        ebenfalls
decken-, deutliche blutbilder
die sich weigern zu trocknen;
                      brust-
bilder (glänzende -warzn), leporellos die menge
aus vollgeatmeten brutkästn; es sind
die säuglinge, säuglingsfäuste, die
gefallenen im goldrahmen, die aus dem
rahmen gefallenen kinder   die schleichenden
schläuche sind das!, wuchernd sich mehrende
medusenhäupter, daraus das vorschnellende
haar! (»wir kommen zu buonarrotis schlangendrossel«,
»gestern drei durch -spritze hingerichtet«) es
ist die vom wechseln der katheterbeutel hand-
warme hand (»spanisch, wieso?«);
                GEBRAUCHSANWEISUNG:
a) die gummiponchos ausgeteilt b) unter gewinselter
seuchenpelerine c) falls greifbar: handvoll
tablettn ALARM, ja jetzt haben sies geschafft
ihm das zeuch in die vene zu jagn; aus anderer
sicht (zettel an der zehe, die letzte ansichts-
karte): »zeig mal diesem goya das -eisn« UND ES
SOLL EIM NICH SPANISCH VORKOMM?

(für Claus-E. Bärsch)

sehschlitze und röntgenbilder

    durchunddurch, fühlbar;
in städtischn, in ländlichn
umgebungen, in länglichn gegenden
also durchführbar zu reiner -hermusik
zittermusik (»üben wir«);
                    üben wir mal:
die sicherheit, das kräfteloslassn:
(»sicher heizkräfte, drastische heizarmee;
fatale körper, herzkörper geschultert«), in
fatalistischem leder, in grün, in schwarz und
andere sommerschnitte, gedeckte farbn der saison,
hinter glas plexiglas, phalanx augenpalme (»gesichts-
vitrine geschützt, die schirme im griff«);
bildschnitte stimmen, sowie abgeriegelt
im handumdrehn und einfache handgriffe; am
rechtn bildrand (abrichtungen) öffnet jetzt ein
LAMMRISS VON GNEISENAU die megafonlippm,
  bedeutung:
ab die post; nochmehr ablichtungen, während die
luft zugeschraubt wird, gerangel und gerammelt
voll die luft (benutzte räuspertaste), voll
von wasser, von gertrudes stein, von metallen und
wasser, gewässerte masse, regelrechte wassermassn, ge-
bietsweise tiefdruck, tieferer augndruck, hagel und
niederschläge, gepfefferte wolkn, ein letztes
röntgenbild, und jetzt, damund-herrn, brennt
uns eben der text ab, geradewegs räuspertaste

eins von goyas protokollen

wurfanker (kolonial) ins geenterte
land gekrallt, und bewegt sich nicht;
den rötelstift (verwachsenes utensil,
UNSCHEINBARER SEZIERKRAM) den
siedlungspferchen, dem staubigen
wellblech unmittelbar genähert
in der brüllenden hitze, und los:
der ungezitterte strich fördert zutage,
straft die zahlen lügen, hält die massa
krierung fest, auf gedeih
und verderb;
    »schauderhaft, treffend!«,
»aparte treffer!«
     schlagstock ghettosonne:
steine senken sich zum polizistenarm,
gegenantwort mündungsaugen; das rötet
(apart) von der bantuschläfe, verläßt
die fünfzehnjährigen schultern, schießt
wie nebenbei aus den herzbeuteln die
schmatzenden fliegen
     auf! gedeih! es
soll ein guter wein dort wachsen; bei uns
mischen die schwalben sich jetzt ein

terraingewinne

bespritzte tapisserie, arabeske mit
einschußlöchern, kehren wirs untern
teppich:
      querschnitt (lähmung, aphasie
vom kopf abwärts), offenlegung einer
geduckten häuserzeile, eines druckreifen
viertels in SAGEN WIR beirut;
die verkrustete strähne isfahan
(rotgesoffne gaze), und SAGEN WIR RUHIG
bagdad, trepanierter schädel (grauer
verband, halb übers lid gerutscht):
übergriffe, operative eingriffe an
unseren unbetäubten, bespritzten
leibern SAG KADDISH! bei abnahme
der fensterkreuze, offenbarung ganzer
häuserfronten GUCKKASTENBÜHNE FÜR
ZWANZIG UHR/MEZ
                rieselung; stockwerke
abgesackt, straßenzüge niedergelegt (wir
sehen bis zum horizont, da gibts immer
neue wölkchen-wölkchen); begutachten wir
das innenleben der mauern: glatt
rasierte stahlträger;
             das gerinnt,
rieselt immerzu; kaftangestalten,

in ihren kehlen, kniekehlen tackern
nähmaschinnadeln: so stochern winselnde
männer im frischen schutt, ein lippen-
loses klageweib hält etwas fest, da;
im laufschritt mörtellunge, erschütterungen:
grad rieselts wieder, maschingewehrnadeln,
das gerinnt;
     ernste kindsmiliz überm
geretteten transistor; ihr minenspiel
bei sportpalastverlautbarungen der
kragenspiegel; kindsmiliz, arabeske
morgenland, ihre geronnene
s a n d s a c k k i n d h e i t
kehren wir untern teppich;
         DIE
-ERSTATTUNGSUNTERNEHMER:
           ungeschlachte
fotosafari, heia, textsafari ungeschlacht:
»rindenfeld 39 (urnenfeld) zurückerobert«,
»soeben erreicht uns«, »broca unter
beschuß«, »vorgepreschte jeeps, terrain
gewinne«, »unseres nah-korrespondenten
paul broca«, »schuldigen sie die ton
qualität«; virulente einstellungen,
blitzende objektive, diktafone griffbereit,
gezückte belichtungs messer, perfide
fernschreibung GUCKKASTENBÜHNE ZWANZIG
UHR, SAG KADDISH!

zivildienst. lazarettkopf

    zur decke gerichtet;
aus urnenaugen (»alzheimer und
parkinson«) blicken die
bettlägerigen uns an, an uns
vorbeisterbend;
        geflutete schützen
gräben, »monatelang rattenschlaf,
die bajonettangriffe..«; drahtverhaue,
spanische reiter; sich vorarbeitende
krabbelnde tanks; in heizungskellern
angeschlossene verhörkabel; durch-
brochene panzersperren, eingekoteter
luftschutzwart;
        auf gezackten (zackigen)
photographien GEBLIEBENE UTENSILIEN
die ungesunde haut, übermüdete stimmen;
messer und anker zusammengesunken,
gestärkte schwesterntracht, daran
die rotkreuzbrosche ein verbandsplatz
(»kreuzburg/oberschlesien«);
        in den frisch-
bezogenen laken gebunkert die bomben-
nächte, nähte, UNBEWÄLTIGTES KOPF
LAZARETT, LAZARETT-KÖPFE daraus
die flammenwerfer speien, gespiene

kindsverluste der trümmerfrauen (»als
feuerwehrmann vor -grad; unaufhörliches
flammenspiel, die frauentrümmer«);
in schleiflackregalen erblindete
kegelpreise, gedenkteller und
polierte -münzen; den feldstecher
vor augen, gekitteter reservistenkrug
oder gesplitterte fliegerbrille (»hab
mein leben nur wechselschicht
gekannt«);
        auf der pflegestation
(»zwoter schlaganfall und wund-
gelegen, faustgroßer dekubitus«)
die essensgerüche, scharfen
putzmittel und urin;
                auf den (nacht)
tischen dünnen besucherblumen aus;
in zigarrenkisten gehortet: die
rostenden orden, eisernen kreuze
DAS GANZE WELTKRIEGS-TALMI,
VERSENKTER NIBELUNGENSCHATZ, DIE
LETZTLICH GEBLIEBENEN UTENSILIEN!
ach, faltige heimatschüsse, stümpfe,
entmündigte witwentrauer   anekdoten
der toten

leidenfrost. quellenlage

1
beobachten wir die glühenden
die tanzenden jünglinge, (»nein
dr. leidenfrost«, »phänomene
rund um die uhr«) DAS UNGELÖSCHTE
MENGELE VIDEO;
ihre rotglühenden gesänge,
nicht zu überhören; traumatisch
über die rampe gehumpelt; nacht für
nacht; nicht zu überhören in
unseren brüsten, anfällige
registratur;

2
springende, ins auge springende
IN DER BRUST herdplatte:
die zersprengten öfen, die
haltbaren feueröfen, blanken roste
und (...);
   gedünnter schrei, genicke;
die faltigen kinder, ihre gerösteten
rasendschnell alternden schreie;
geschultert mitgeschleppt die zahllosen
sprachen habseligkeit in sichtweite
schenkelhoch aufgeworfene zahn
prothesen;

3
    -krämpfe
der zeugen, gedünntes zeugenhaar lesen
SIE WEITER AUF SEITE, geklaffte lücken,
nachts ohne unterlaß kläffende erinnerung
regelmäßig befangenheitsanträge und wunden:
»sehn sie sich das bitte an«, »wenden sie
sich nicht ab«; bei sichtung der
aktenlagen erzwungene unterbrechung;
danach legen

4
      wir die
nächsten lichtpausen vor:
in unsrer brust zerkratzt
die platten, leierndes rheingold
(oder colt rane) und vorwärtsratternde
waggons, rotglühend, darauf
das tanzende wasser (»nicht
zu überhörn«, »wegsehende zeugen
davon«), DIE TANZENDEN BIS ZUM
SIEDEPUNKT WASSER;
                      pausierendes licht,
ausgeglüht; »wir haben das müssen
ansehn«, »dies geröstete schreien«

animalische animation

augnstoppende großformate im gehn,
forcierte litfaßgänge, bis-an-die-zähne
die augn und kein entkommen; hartgeschaltete
kampagnen, creative wolfsrachn vernehmbar bei
ausgeblendetem zwingergewinsel; im sitzn
ebenso doppelseitige januspost, zügige
zungen, ärgste hirndrift und bezüngelte
pupille nur das papier teurer: schlummer-
lächeln schwebender natur, dörflicher irrsinn,
flaumiges gegaukel aknelosn daseins, fangschlag
durch reine familie, äsende schnucke mu
tterglükk und alles was sich gewaschn hat, hünd
chn- und händchnhaltende glanzräude und nicht nur
pestmodern malevich die hände abgehackt FÜR DAS DA

zwitschernde aurikel, beschnupperter
hasnsterz, am käuzchnloch gepokelt BRINGEN DEN
BESONDEREN TIERFILM: hinter sanft schwingendn
pfortn (öffentlichkeits-tresor): tiergalgen
in klösterlicher stille, säuger in keimfrei-
heit hingestreckt, gepinnte pfote; bedächtiges
öffen und schließn von kitteln und körpern,
gezielt entnommenes organ FERNBEDIENUNG SENDER-
WECHSEL, »AUCH IN DRAGÉEFORM ERHÄLTL«,
  BITTE UM-

BLÄTTERN: rauschende gedopte tropen, orchideen-
zauber, nie gesehener blattsalat, ein tiger a BILD-
SALAT SPERRFEUER!! ein jaguar e der in die kur-
ve geht; und wieder bedächtige kamerafahrt, ex-
perimentalfilmer am werk, ein schließn und öffnen
von körpern und kitteln, ruhige organentnahme;
die dem pfleger noch einmal die hand leckt,
die nachzucht, pünktlich gelieferte kolonnen:
im nebengebäude im nachtprogramm UND JEDES
KULTUR-PROGRAMM EIN HORRORVIDEO / DER KLUGE
MISSIONAR GIBT DEM LENDENSCHURZMANN FEUER / NA-
TÜRLICH, MEINE BEHERZTN FLÖTNSPIELER: DAS HAT
MIR DER THEUFEL ERZÄHLT, HAT MIR DER THEUFFEL
ERZÄHLT WIE DIE PRIMATN DEM PRIMATN
RIEMENSCHNEIDER
LAAANGSAAAM DIE GOTISCHN HÄNDE ZRRKWTSCHT
  ICH BUCH-
STABIERE / DIE HÄNDE ZERQUETSCHT HABN

psychotische polaroids

>»VIII
>Es sind die ersten Blumen,
>   welche,
>Besondres uns den Sinn
>   erfreuen.
>Die Frühjarssonne wirkt die
>   Kelche
>Die sonder Säumen Gaben streuen
>Doch plötzlich ändert sich das Bild
>Es braust der Sturm in kalter Nacht
>Und Blitze zucken durchs Gefild,
>Es peitschen Wetter Donner kracht
>Die Blüten müssen ihr Leben lassen.
>   30. 8. 1985 MB«

1
geschlurfter gang,
            die feder
führung, das schlüssel
gewalt; gänzliche die die
gräßliche änderung der schrift-
bilder!, NIEDERGESPRITZT

2
>>gradehaltn!<<
ein kunstdruk an der wand, »die augn
schließn!«, kopf gespickt (NUR WENIG
TREPANIERT, GUILLAUME, MAN NENNT
DAS: *EEG*) die augen drückn, sodann:
NIEDERGESPRITZT, und »kleine neben
wirkung«:
      das .. sprachwerk ..
schprachwerg .. zeug geht indie .. binsn
mi nu ten lang ...
          mi   nu   tn
l   an   g
    rasch wird ein gegen
mittel reingejagt (»euforisierend«), doch
das wirkt

3
(»medikamentenausgabe«)
          am
vormittag allseits geschlurfter
gang; die zahnlosen pupillen
weggeknickt aufs resopal; so tote
brauen, staub fällt aus dem haar;
die köpfe vorgesunkn von ellenbogen
abgeschirmt; das blut robbt vor, mein
robotschritt, der zeiger watschelt (»blut-
abnahme!«) die zeitansage stockt, ge
stockte fremde

4
   gequert, heftige
querung; den koksfjord hab ich
durchschwomm, unter der oberfläche durch
getaucht (kampfschwimmer, glitschige
direttissima), dies meine beabsich
tigte (schutz)haft:
     sperriges
handgepäck, unabwendbare mitbringsel,
überdeutlich belichtete diasprachtdias;
   gegen 5 ganglicht von
links im schatten das vorgebeugte
pflegergesicht NIEDER »*haben sie
noch angehörige*« GESPRITZT
   beknietes kopfgewahrsam,
schwebender napf; pavlovsche hündchen
während des countdown, was für eine
hirnnasa

5
(»wir könn nur ursachen«)
der lehrer brühl ein dichter
stirbt:
   fixiert, den unterleib entbl
ößt, das kinn zum schulterblatt
gewachsn, und SCHAUM JADOCH SCHAUM
VORM MUND, das wachs
ende totengebiß seine deine ein-

getüteten augen! brühl! (»wir
könn nur ursachenforschung be
treiben«);
       im DANIEL-PAUL-SCHREBER-PARK
unterm blutbuchenbestand der kies; die
die verschlossenen, unsere abgeri
ssenen gebisse; im konspirativen wind mein
schließfachmaul und linsende sonne
niedergespritzte fremde

gestümperte synchronisation

in erster linie, in also vorderster
unter der stirnfront;
                zunächst nur
stellen stellenweises auftreten zöge-
rndes hinzutreten der bilder, mehrere
anblicke nachundnach, eingeblen-
dete bananenschalen;
                        sichtlich gefälschter
flaggensatz: bei vortretenden augn (sichtbar!)
das katapultieren hereinkatapultieren
der blickkolportagen, unüberschaubare
wimmelbilder, bildgewimmer (reicht mein
pidgin aus?), undeutliches bis über
den hals bis längst übern kopf gepaddel
gefuchtel wüstes schlagen mit die arme!
das ist die sehnot, wies einen reinreißt,
exzessiv, wies ein runterreißt, gerade-
wegs sehnot, verheerend! AUF BEISPIELE,
KLAMMERN SIE SICH AN ANDERE MÜNDER UND
LIDDECKEL, AUF ANDERE BEISPIELE MUSS
HIER VERZICHTET WERDEN

hermesbaby, auspizium

gezüngelte liebkosung,
erstlingsgabe   deine ernsten licht-
beschriftungen;
           gespeichert;
angelehntes styropor (wandtafeln):
gespickte auffangbecken, künftige
reservoire; staksschritt durchs
zimmer, belagerter bösendorfer;
oder, den mantel geschultert,
im café museum: deine scheuende stimme,
die (bären?)franse erreicht deine braue;
durchs zimmer jagen die schwalben
unausgesetzt ihr winkliges rufen,
hakenschlagend, und sorgsame
kurskorrektur   wer
will das voraussehen?
                solch erkämpftes
trinkwasser, (vogel)perspektiven,
umgekehrte kontinentdrift, offene
herzadresse und -schwall!
                beschriftetes
licht deine ungezügelten sprachen!

(für Friederike Mayröcker)

sendeschluß

    zackn, faltnwürfe, ge
tränkter nabel; unterm geweihten
hirschn vermischt sich der speichel,
ein entstehendes nach mitternacht
ZUNGENBILD;
                flackernde couch,
darüber geht das schattnrangeln,
bündige umklammerung; überm kleider-
berg (dunkler bausch) gestöhnte
schrankwand: UNÜBERHÖRBARES WEIS-
SES RAUSCHN, gebauschtes dunkel,
hingehuscht

staubwalzer

lichtkniffe; unter der knirschenden
der sonnenwalze im schweiß kneifendes
lid; leichte felsen in der brust, ein
leichtes felsen; gebieterisch lichtbild
von auswendigen höhen ('s baut); die höhen
luft kaum genossener aussicht, gewälzte
handwand vor augn (erbauung?), als absender
les ich: susi durst? probierst du nur das
echo aus? hohe luft da sich die schweiz
löst, der fels (brieflich), vom lid auf
die lippn, aufgesprungen und fels greifn nach-
greifn 's taumelt; höhnende lüfte, rosi
voß: BAUTS! STAUB! davon berichtn
deine staubbriefe

spülstein

      morgens gedrosselt;
würgen sie zunächst in den aus-
guß, danach; die sonn, hellzter strah-
lenspeier: wie sie ins -immer sich
ergießt!, ein stummes gewürg (frö
stlnd) und wirrnis, gestammeltes rinnsal, WÄ
hrnd   da nach nach
spülen dann bittesehr WÄH
rnd du den zittrigen WA
sserstrahl einleitest, der WE
r will das wissn, die in deim zimmer
weilende sonnenlippe, anfänglich hahn-
gestotter, zu synchronisieren beginnt; dies
dein tagbeginn! du die mund-
winkel noch klebrig als
morgendrossel

(für Jörsch Ritzenhoff)

frische serviette (22. 2. 76)

       vorsichtig gekipptes
löffelchen;
       zweidr3i tage zuvor
1 weichgekochtes ei, teelöffel
wasser; den einundzwanzigsten: weg-
trocknende seine lippenbewegung, sein
lippenholz, EBEN DOCH UNVERMUTET!
                                   mit
einer serviette, frischer serviette abgeglittn, ver-
sucheversuche sein kiefer hochzubindn,
seine tochterundich, haltlos, das
rauhe kinn!, das totenloch zu schließen!
DIE SERVIETTE STEHT FÜR WEISS UND
                                  kalte
wade, vielleicht fünfunddreißig grad die
dünnen oberschenkel »mein krebs« ganz
fassungslos   ichglaubich
habe früchtetee getrunkn   die groß
mutter ganz fassungslos im dielenlicht;
sichtweise verschwomm, zungenstrunk

(für Dr. Ernst Matthias)

weegee's finger

aus dem empfänger hapernd,
noch warm die adresse:
                im knir-
schenden rinnstein ein linker
schu, des opfers unbrauchbares
oberhemd; kein projektil; ein lack-
schuh, ein krawattenopfer;
                          (»im dritten
stock erstickt, im obstsalat«, »cre-
vetten quer«, »benutzen sie die

feuertreppe!«); zwitscherndes fading,
der sprach-fake funkenschlagend, dazu
des regens einfallsreichtum; klatsch-
nasse helfer, naßgeschwitzte cops:
stinkend; im hemd; WEEGEE am polizei-
funk, hängts ohr ins wellengestammel,
schnappt auf und: durchgestartet (»auf
coney island abgesoffm«);
                     noch warm
der abgestochne nigger (»loddel?«), dazu
gedroschen ein GENE-KRUPA-SOLO, er-
drosselte fixerin, die fliesen im klo;

WEEGEE's gewilderte sofortbilder, kugel-

sicherer augenfunk, kein fake!
                        seine opfer
(schaulust im schauhaus): hinterm
knieenden bademeister (»zwecklos..«)
glotzt lächelnd schräg die schikse
des ertrunkenen; der auslöser ratscht
(»schon verewigt«)..
                        die trostlosn welln

(für Hartmut Kurze)

pathologischer boom

toskanisches totem, äußerst bläuliche
polas, unter deutlicher beleuchtung auf-
gemachtes brüderchn das
(unterboom);
            der stets eine wespe trug (»wes..?
wessn?«), in untrüglicher wespenhaut *ferrucci*
DER STEZ WESTE AUS DER HAUT EINES ERHÄNGTN TRUG
unterm -boom (»mach..«) kywitt-geschrei gejammer
und gequengel der farbn, toskanische farbrandale
dazu die einstweilen unabgehäutetn hörer kunz-
zuhörer und künzzlichn, also kurzlebign g
schmäcker die auf abfahrend;
                  -gestemmt
und -gezogn (»könn sie ma ehm, dokter benn?«);
das (*fig.1*) fähnchn der verdammt jungen ärztin,
die (*fig.2*) abgezogenen fahn der verdammten,
des (*fig.3*) sektionshelfers größere fahne;

           geflattert die druck-, kurz-
atmign druckfahn von das kunzhistorika:»NEKRO-
NEKRO«, »ODER DENKMSIE AN *TORRI* DER, UND SOGAH
UNTER DAS BETT GLIEDER & STÜKKE VON LEICHM AUF-
BEWARTE DIDA HAUS VRRPESTTN!«, »DOPPELNEKRO!,
PRRVRRS!!«; was für ein durcheinander-kywitt
davon unangetastet *PONTORMOS* form;

                                                    auf-
gestemmter caput, abgezogne haut (mortuum) da
runter das fleisch das echogerät und trocknende
säge: meist unsensationelle befunde, pfundweise
weggeröchelte lunge ausgeuferte leber BLOSS NICHTS
VON DEN KAPUTTN ZUNGN der abgeschiedenen schwe
sterchn der brüderchn, deutlichst beleuchtet
unterm zugekacheltn machandelboom drüber kwen
gelnd der wind geht *ROSSO* DER IM BISTUUM SAN
SEPOLCRO IN VERWESUN' ÜBERGEGANGENE L. AUS-
GRUB die luft voll davon, heranrasend, aufs
ohr stoßend, das trommelfell treffend die
netzhaut unmittelbar: KYWITT, KYWITT! ACH WATT
EEN SCHÖN VAGEL BIN ICK

(für Andrea Christians)

auflehnung

rabiater stahlstich im rückspiegel;
verfremdeter horizont, zappelndes
wespengelb; kriechende wespe
der himmel, trotziger ruisdael,
gesträubt;
      schwertransporte,
gestauchtes licht, die autobahn
zieht sich (»ausfahrt bochum-
stahlhausen«), bißchen bepflanzt
die hörschutzmauern, kaschierender
anstrich sorgfältiges seuchengrün;

gehechelt; »habs mit eignen lungen!«,
»gepfählte lunge«; dann wieder
eine unerwartete allee,
entmummte bäume;
      im rückspiegel
GESTRÄUBTER SATZSPIEGEL die baumelnden
maskottchen (schuhchen) und playboy-
aufkleber   auszehrung unsrer
s e u c h e n k ö p f e ;
bis an die zähne: auch hier im
stadienlicht die zutretenden fans

brief. probe in der eifel

                pia,
eine eifelprobe?
            hier geht man früh
zu bett, kurzangebundne mit brettern zu-
genagelte gegend; in den fenstern der
straßndörfer die verfettenden, führerschein-
und andere verluste (zumbeispiel krieger-
denkmal);
          sinistre kirchn, kirchngesichter,
gesichter von stallkaninchn, im abendasfalt krie-
chendes ausgefranstes oktoberlicht.. ALLES
WEGGESPERRT.. ODER SO
                  ein weggesperrt
von schmuddligen hügeln aus, ein caspar-david-
baum als weithin-orientierung; als kugel-, als
blickfang die dikke mit weggesperrter 40jäh-
riger tochter; der debile 40jährige sohn einer
altn pendlerin: im überlandbus flippt er aus (»du
blöder weib, piss, du aaschlöcher!«), die linie
wird bald eingestellt;
                gequetschter kopf, die zwe-
tschgen; die 15jährigen pflaumen verkommen und
landn dann im fenster; oder die bäurin, grann-
enkinn, die ihreigneskind totgefahrn hat, in
den familien in den gequetschtn köpfn noch

nach zehn jahrn das quatschende treckerrad du siehst:
hier geht man früh zu bett, pia

(für Jörg Ritzenhoff)

welschkorn

1
noch aber ein gedämmtes ge-
dämmtes schäumen aus den gärtn, durch
thermofenster kippender knallbunter
geruch, gesammelter georgbritting, der
in die einbauküchn schlägt, gegen die
charts die wunschkonzerte, eine schwindende

2
zeichenbotanik; rumpelnder motor; schlamm
platscht in die wiese, gestakste wasser-
stiefel, am parkaärmel schwarzrotgold;
schnurgerade, trostlos   so wird der bach,
geplündertes bett, zur räson gebracht; oh
ne viel aufsehens daneben: die sorten-
namen apfelsorten gehn flötn, zugrunde,
die alten in die knie gegangenen plantagen
WAS FÜR EINE PASTORALE; dazwischn

3
die dörfer: zahlen hinter den postleit-
zahlen größerer dörfer;
                              zwischn den
hängen den stühlen rotstehender schräger
sandstein (»schlüssel beim bürgermeister«);

neinnein, kein gas   gras wächst über die
weggesackten namen, vor fünfzig jahren
die letzten, das bröckelt AUERBACHER
MANNHEIMER, WEISS, SCHWARZ, LOEWGARTEN,
ist schon weggebröckelt

4

darüberhinaus die abgesteckten claims:
immenzelt!, krachender immenschild! was
kommt auf uns zu   die luft voller reiß-
verschlüsse, zerrissne zeltbahn, de-
tonationen   zu guter stund tiefflugstund
sensibler schweine herzklabaster, da wir
nervös durchs abgesaugte grün spaziern
durch ausgeschlürfte wiesn (»unser segel
flugplatz«, »frischer schießstand, hin-
geklinkert«) WAS FÜR EINE ABGEKNALLTE
PASTORALE!

5

argwohn, halbgezurrte gardinen, hinterm
ortseingang die nissanreklame; in käfigen
aufgehäuftes gelb: welschkorn, der futter-
mais; was mögen das für namen für reime
sein (anjas krampen) die der michel der
onkel mike 1913 mitgenomm hat nach canada;
wer erklärt mir den heidenkopf verhack-
stücktn wald, schwarzwald, die gesprächige

säge darin, die sprachsäge? ES IST
EIN ORTSGESPRÄCH, MEIN GEKLINKERTER KOPF, BEI
DEM BEI DEM WEISST DU DIE EINHEITEN NUR SO
DURCHRASSELN

(für Isolde Wawrin)

historische land

schaftn habn leimrutn und mei
ler zu enthaltn, kein über beruhigtm
wasserspiegel zur schulter gesacktes ge
sicht; »getreidelte wolknbilder«, auch
so ein schwachsinn, etwas vorgeschobenes
zumindest, was sich benetzt durch die
gegend schleppt; piz palü als fernziel als
vorgruppe, durchs zielfernrohr ausgemachtes
licht, ein kahler showdown, im schlepp-
netz augnfahndung, untergänge (»einfach ab-
geknipst«, »voll im sucher«) und unter
so-weit-das-auge-reicht wird dies vertickt?
heimatbodn, herbstzeitlose? wolkige kamera
fahrtn durchs OHR DES POLYKRATES, tagesordnung,
manierliche draufsichtn (»verwanztes hotel,
kein auge zugetan«);

gemähter mund

eingetroffener kompott und gegen abend
gerumpelte schwüle; aus dem juliaugust,
vorübergehend gedimmt, klaffen die blitze;
lichtsäge schräg, von da nach da, ein
gleiten in bröckelnde landschaft; das maul
halten die rasenmäher, endlich; kopf-
stehende wäscheklammern, abakusbalkone,
logenplatz für gerümpel ein wahres
drecksleporello!
     (ES FOLGT DER WETTER
SEEWETTERBERICHT FÜR 1912: walnüsse (geschält)
kaninchenhaar handschuhe straußenfedern
passagiere und passagierlisten das wars;
glatter reinfall eine umsonst tauchstation
gerupfter mythos; solch schwachbebildertem
seemannsgrab)
     FOLGT GERUMPELT DER SEGELFLUG
WETTER: mit angesägtn flächn tragflächn
dies angeknackste licht; vorhergesagte klaff
ungen (gardinen); aus balkonen aus köpfn
riechts verbrannt, da drängen sich drähte
raus!, süße zungen mitunter!, gerempel und gegen-
reden (sprachdraht); ein heddern, gespleißtes
drängeln, zungenkompott wuchernd von da nach
da; allerhand schwappend geht über die brüstung,

triefende geranienreling, zackig wird weiterge
blüht, heckenspliß wasserstiefel, und rumpelnd
haben rasenmäher die witterung aufgenomm wieder
unter kläffenden augn

obst und gemüse-marterl

      abseits der plan-
tagen im windschatten matschig,
ranzige schatten zwischen den
zähnen (»folgen sie?«);
                    als erstes
planieren wir die kirschen! reifn-
knirschn, wegspritzende fontänchen
und gurgelnd verschwindet der apfel
(verdorbenes fruchtprofil);
                    schimmel und
tierchen; übern jordan der rotkohl
der rosen!, vor der porree-kulisse
wirds tomatenkar weich, darüber
steigen die bulldozer (maulaff die
-sperre), mit ungedrosselten motoren
übern birnberg pflaumenberg, »voll
rein« (auch ansichtskartenmotiv,
»können sie folgen?«);
                    »so fahrn wir
übern see..«, es rumort die kasersage,
verwunschner senn den bleiberg
im brustfeuer; butterruder
eingetunkt, blasen schlägt der
milchsee (»ne kranke landschaft«,
»miese fernsicht«) ZUNGENLUMPEN,

ZISCHN DEN ZÄHN DAS ABC, GEBLECKTES
HAUSMANN'SCHES GEBISS »so fahrn
wir übersee«;
             folgen sie
dem günen feil! übers apri-
kosengeröll gebeugt, bezwungene
pfirsichmoräne, in der nordost
führe ein rotbackiger steinschlag,
es folgt der eintrag ins gipfel
buch (»so vorgeglühte alpen«,
»einfach maa-le-
             risch«) tanklaster
strullen ihren wein ins meer,
hengstpisse, das schäumt!, im
hintergrund der wilde kaiser

kreuzreise

            was anbetrifft
die stillgelegtn augn-der-welt (als ob
sie jemalz hätte sehen könn), so
sind halt stillgelegt die stillen
augn, gestillte stille gradezu!, vonmiraus: o
zeane stammelozeane vermehrtes ozeange
stammel; mal von tornados, stilbrü
chn, sperrfeuer-permanenzn abgesehn; genickschü
sse »außnvor« (sagt man nicht so?), prösterchen
ja prösterchen;
            schon eher gefragt: wie tiramisú
fahrt gewinnt beim käptnsdinner als man sich
die lüster klirrtn nur wenig, zunächst; als
wir uns WUCHTWIRKKÖRPER/DAS SÜSSERE WORT/
ZUFLÜSTERTN rutschendes zeug in unsere körper ru
tschendes zeug, im nu versüßte schöße, wir konntn uns
kreuzweise, deine zu
nge schmeckte nach tiramisú bei überkommenden bre
chern, wo man zollfrei, tränenden aux, hat speien
müssn, die liebelange überfahrt; zuschrein mußtn
wir uns endlich das wort, von gischt diktierter
atem (windstärken); ja stillgelegt was anbe-
trifft, ja schneckn

stempel griebnitzsee 2

      passierend;
bei supre bei hin-
gekipptem SUPREMATISMUS-MOND:
bandstättn (»reisepaß!«) trabant-
städte passierend, auf freier strecke flie
ßend, rücklichter angeschliffn DIE MARK
GEHEND, STACHEL IM FLEISCH MIT HEINER-
MÜLLER-ZIIGARRE;
                    super: der belgische
waggon (»kann passiern«) war nur
ein mu .. ein stück .. mit einer fixn
nadel nur; ei muse!, war nurn
museumsstück

(für Andreas F. Kelletat)

polares piktogramm

»..nicht auszuhalten!«
Daniil Charms

1

    vor der post der apo-
theke (quengelnd köter draußn
angeleint) so laufende motoren auch
von kamin das weiße deutlich weg-
gespreizt;
        rechz daumenkuppe an-
gebrutzelt; mein lieber mann: ich
ganztags ofenheinz!, steh auf
nachts frösteltier, schütt heiß ins
klo, die pseudotatzn an den füßn daß
man in ruhe morgens kackn kann

2

tiefstehendes tageslicht (..schon ab
gesackt); älskling, dein angesägter
schlaf! anschlagendes mein huskieherz, ich
weiß nicht..ein lichtelch? der durchs
feuer tappt? ist es meine hand die deine
brust so spitz macht?
        gefiepte nacht,
klatschnasse -lippen pidginlippen, im
halbschlaf (vollgekleckert lakn) range-
zognes klammes knie

3
»att kunna arbeta i kyla är
en fråga om koncentration WIE ES UNS
TREIBT!, jag tycker inte att det är
svårt WIE WIRS TREIBEN!, jag studerar
förresten ESKIMÅERNA nu, och de har
det förmodligen ännu kallare GETRIEBN,
ALS DAUNEN-RUSS ZUR DEKKE STEIGEND,
säger thomas kling, düsseldorfbo som
gästar vasa«

4
    (»zur regelung der
outfit-frage«); jetzt wird
das bein verkleidet:
                bis
übers knie knallgelber alpinistn-
strumpf (ein wollener dragoner), da
rüber sockn, schwarze schenkel; halb
schnabelschuh die lappenstiebel (»finn
ischer stalinistn-look der 70er«); aus
unsrer serie: JOSEF KAINZ IN BADEBUXN,
ein absolut gebongter lacherfolg

5
    briefkastn (gestiemt), laufende
motoren, da draußn sind die küsse tief
kühlkost; geschwankt, so kleine dikke
ritter übern bürgersteig, verpacktes

blond und hergezeigter atem, schon von
der leine mein gefieptes huskieherz;
arktischer nadeleinsatz: gespickte wange
nasnknistern, die wimpern zugestiemt; ich
krakel KA-KEL-UGN, VED-SPIS, KAMIN, KA-
KEL-UGN
      wo manche kranke mit der karre
übers eis nach schweden brettern..mensch
schneemensch!, dreißich minus! ich
ganztags ofnheinz

(für Ylva Holländer)

petersburger hängun'

ins helle, ins allerhell
gehängt!, ein umfassend -jagd und aller
heilgen, november-aorta herbe angepackt (lies: a
lies ort, lies a), chaos im winterpalais, vor-
silbnwexl, -grad bleibt erhaltn, und neva strahlen-
schleier sowieso; ikone reingehackt: eines daniils
verlust: verlustig gegang eines charms (so ins
kyrillisch reingehackt ANGESCHWÄRZTE KO
PFBELAGERUN'/ein GPU-RANDHALTN, auch andre
ränder, andre existnzn (..); zuvor VON VELIMIR
IST NICHT DIE REDE zuvor bereiz schmerzlicher
eisnstein der unaufhaltsam die zarentreppe run
terrattert, sein unaufhörlich löwnwach zurückgespult
   glas
NOST IM ÜBRIGN HEISST »SCHNEIDETISCH«

(für Dieter Hiesserer)

finnland-flug

1
verschwindende swimmingpools (klimt-
steinchen), und erklommen;
                     gefütterte
beringstraße, meerbusn (bottnisch), zügiges
polarprogramm (bei muskarinansicht): klippn-
brechung, klipper abgekippt bis
zum dorthinaus die woll die unverwandte woll
die unterwanderte wolkndecke, drübn düse drübn ge
platzte nebelnaht;
                     der deutsche schädel tier
schädel, zusammengerückte drin im schimmer im
schimmer äderungen abgedröhnte errungenscha
ftn, äderung (auch nähte) zum aug hin, ALLES
OHNE HUSKIESTIMMEN!

2
(»Q-ros; Lebenslauf«)

AUFZUBRECHN (7). und (6), daß (5), alles (4),
mich (3). daß (2) habt (1), DIES ERFUHR ICH (0).
nicht (1)? herrscht (2) wo (3), aufwärts (4),
unser (5). doch (6) all (7), größers (8)

3
erstaunliche schicht-
wechsel »ɪfröhlicher gutnmorgn« ausm kokk-
pitt, bei gesträubtem trommelfell, »ɪ frischer
n/w-wind, gute brodemsicht..«, und, bitte, WAS
HEISST: ›FÜR IHRE SICHERHEIT‹ AUF FINNISH? nicht
kartographierbare pol-
sterungen (abermals ab
gekippt)   jede erhebung paus-
bäckige aushebung, gestotterte buckelpiste, also
gefurchte inuitstrecke, oder näher, mit schwingen
versehene, geschwungene ITER LAPPONICUM, landn sie
87 in ROVANIEMI, heißt ab jetzt
»-hansi«

Anmerkung:
das dem mittelteil zugrundeliegende system dürfte sich nach
der lektüre von hölderlins gedicht »Lebenslauf« (1797) erschließen;
alle anderen seien durch seinen aischyloskommentar,
karl philipp conz gegenüber, getröstet: »das versteh' ich nicht!
das ist kamalattasprache!«

Aus: *brennstabm*
(Gedichte 1988-1990)

di zerstörtn. ein gesang

1
herzumlederun'. schwere.
geschüzze.
 böschungen im schweren in
gescheuchtm mohn; wir haben lawinen, la-
winenstunden und ja und -jahre gehabt. wir
pflanztn uns auf, wir aufpflanzer von ba-
jonettn. di blutablaufrinnen, die kanntn
wir.

2
WIR LAGEN IN GROBEN GEGENDN. WIR PFLANZTN
TOD. WIR PFLEGTN DEN GESANG / WIR AUF-
PFLANZER VON EWIGEM MOHN / DER SCHOSS
AUS UNSERN HÄUPTERN UNS IN DEN GESANG
DAS NANNTN WIR: *herzumlederun'*! + schrienz,

3
rattnschlaf. so war ich deutscher, serbe,
franzose; wir wir wir. WIR STEKKTN UNS auf
unsre bajonette, fühltn uns und sangen für
den böschunxmohn »todesanxxt?,

4
ja.: 2 mal:
als in den 20ern ich in offne see hinauszutreibn
drohte; als das meer mich *fast* genommn hätte. +:
INFANTRIE-ANGRIFF / schlacht a. d. putna; ru-
ssischer gesang noch als ich nachts 88 war. ihr
gegnüber-gesang; nur der fluß trennte uns nach-
dem wir umgeladn wurdn in hermannstadt ('16).«

5
hart umledertn herznz. unsere schwere.
geschüzze   so bricht der tag an di rattnnacht.
nächte nächte rattnmächte im böschunx-, im
ratten-mohn. wir sind noch WIR WAREN UNTER DER
WEISZN (*jiddisch, di mond*) da waren wir,
DAS WARNEN WIR. UMSONST-GESANG

6
unterm rattnmond kurz schlafende schlaflose
mordexpertn; WIR SCHLIFFN di spatn an und
übtn an lebendign kazzn; wir rattn wurdn
trainiert wi rattn. WIR SCHWEISSTN uns schlag-
ringe; WIR SCHWEISSTN auf allen seitn GEHN SI
IN UNSER MUSEUM auf allen seitn den bauernkriixx-
morgenstern. da, grabnkampf, verhaue,

7

brach di tagsonne ab, nebel-, geschüzznebel-
betreut im böschunxmohn, kaum kriegen, 88, wir
unsre tablettnkrallen zum schmalgelbn todmund.

8

WIR SCHWOREN auf unsre schrapnelle, blikkn
aus schwer zerlebtn trauma-höhlen auf unsre lebnzz-
geschichte.
kaliber.   korps-chor: (»WIR HÖRTN
kaliber.   DI ENGLEIN
kaliber.   SINGEN«)
geschichte.

9

bestellte, jahre später, grünoxidierte äkker;
deine pflugschar, bauer, knarrt in hülsen, schä-
del, handgranatnsplitter. das knarrt in deinen
schlaf, rattnschlaf, den unbesänftigtn. so rot
blüht dir der böschunxsmohn ins herz ins starr-
umlederte, wo keine schwestermutter dich anhört
und hört; *di weiße* scheint in gräbnmohn, ameisene
schwere, geschüzzdonner der deine träume ja jahr-
zehnte später pflügt und schwere,
schwere schwere (!!!)..

blikk durch geöffnetes garagntor

nebeleisern blix: der jeepmann
garagn- und schußherr der da zu-
rrte, jagdgrün; in meim 11jährign
rükkn ein hochneblichter tannan-
stieg,   vor mir dies: HIRSCHGARAGE!
GARAGNWANT ALS HIRSCHWANT!, schon ap-
gesägtn geweihs der unbeschienene hu-
bertuskopf, des hirschkopfs augnfleisch
kopfunter, ausgependelt. da allgäuer
zerrnebel beidseitig raus, und aufgebro-
chn ausgeweidet ausgeräumter leib BO-
RSTIGE RAUMTEILUN' bei weggeräumtm
innereieneimer stark!!riechende -wände (g-
ruchsklaffung): der da   so hinge-
hängter hingeklaffter hirsch

landschaftsdurchdringun'

aneignung ihres werkzeux; stoff-
betrachtung, betrachteter tra
chtnstoff (»etwa.. durchs föhn-
fenster lehnt sich der august«);
                                      weich
das haar in zungenrichtung: ich lecke di
achsel des sommers; der sommer ist eine frau

GESTOKKTES BILT

im grunde di naturgewaltn; ein grun-
zn aus dem untergrund, durchwatete
delirien;
       überkreuz-
geratne geratn da natürlich überkreuz; des
öfteren, öfter noch als früher: marterln
an der autobahn, improvisierte biltstökke,
flüchtig zustaubendes randstreifngeblü; zur
seite gesprochner truckersatz (ein stoß-
gebet), bei kurzem halt bei -planknsalat (»da
hats sie weggefetzt«) NUR KEINE KURVN-
DISKUSSION;
          pestackerrant, so monochrom;
dahinter einfamilienhäuser, breiige le-
bnzversicherun'

brandige blüthe. (als zaunkönig)

brandig schon deine blüthe; rostige ro-
stig gewordne MAGNOLIE. ränder von
liedschattn, schwer. du di du den dein ab-
schied gibst und hältst; das gibt hundefeuer,
gelb herstrahlend am stamm, lakonisch ries-
elnde pisse; dies im abendlicht APRIL, zur
nacht.
      ja. schon brandig, skorbutig am fleisch
des kaffeehauses, nacht-mensch & stummer honig.
diener am stamm! HILFSGEIST MORGENRÖTHE! aus to
nnen hohler ton: servus, kunst. »ober, ein tablett
flieger!«
      oh, karthia/ herzas mein ganzes spiel (ich
besitz, klar, di flöte..). heraus herzas, heraus als
zaunkönig »tun wirs, servierlady!«

DI EINE HELLIGKEIT
di mich bestürzt, bestür
zende einhelligkeitn, in denen
licht und meeren der kragn um
                              (drehung
hingekratzt, knirschend rausgeschraubte
40 watt), ein handumdrehn nur, kopf-
drukk, geschmolzne telefone wo alles
»wi-ein-stein« zur tiefe fahren wird
UND DAS, UND DER EREIGNIS, AUFGEPASST!,
BEKUCKT SICH AUSFÜHRLICH DI MOND

ornithologisches zimmer

ENTKEHLTE PAPIERE; tannen entkehlt.
da zik-zik-ziks: ihr reines schnikkern!,
zimmer mit kehle, veranda-kehlenraum!
frechrotes buschig, dat eichhörnchn am
turnen. gekehltes zimmer! flockn-flockn-
flokkn. zimmer mit meise, zimmer mit ko
hlmeise (2), zimmer mit landendm kleiber.
zimmer mit ring mit ringeltaube, mein un-
beringtes zimmer. zimmer mit brüstung,
brust rostrot: ihre kehle-kehle! nachz +
früh, na, N.A.C.H.T.I.G.A.L.L. zimmer mit
eingebauter nachtigall. scheu beide. 16
gramm gesang! scheues kehlchen. zutrau!,
zutrau! kommt ran und futter-gesang, wies
falockt das futter; mit rosinen, leinsam
nie! zimmer mit kleiber, zimmer mit klei-
ber. ihr 16-gramm-gesang! wie exklusiv:
R!O!T!K!E!H!L!C!H!E!N!! mein zimmer mit
rotkehlchn. königszimmer! du bist mein
kühlervogel (»ober. sekt jezz«) für mein
rotkehlchn + mich. für meine RR emilii bron-
tiih. beide : schön

mezzogiorno: luparamond

erdnah scheibnform, schreib
norm erdscherbe. gegnüber von
gengüber düsende scheibe, kugel
gestaltn unter ballerndm mont; ge
sungen hatter; derda hat unterm
mont gekniet, schweigend olivn schwei
gnd der hain, signore quasimodo: ins
knie brechnd, keckernde lupara, »aus-
gefurzt« (klappe), des delinquentn erdnas
RACHN-ACH
        suchhunde; an der beretta am
carabinieri-holster leichtgezitterte
hant, so halbbedekkter zugedekkter ap-
geknallter (klappe!) stazanwalt; kann
heißn »abgesperrt«, darüber klare scheinform lu
paramount; kann heißn: apgesperrtes $\frac{bankn}{4}$

valkyriur. neuskaldisch

                        du-
rchtrennte luft, die waagerechte.
allmählich parabel-, dann kurvenbeschreibend
die zeugleiber. schön schneidende einstellerinnen
von schlüssen. über äugendn geysiren vor-
schießend ihre geysiraugn. ein dahinjagen! der
aufsitzendn, der insassen; in zerhufter luft
keuchende pferdeseelen: EIN BLUTBILD DIES, DER
STERBENDN ATEMWEG. (*schwerleserlich*) nordmeer,
schönheulend (*in etwa*), dahindüsende wälder, wald-
stükke weltstükke, schrammend, übersauster interalt.
für was für eine schlußeinstellung sorgen valkyriur!
(*nicht nur unleserlich: befallner passus*) valkyriur!
sturm, halsadern von bleistiftdikke, entfallende passage
geplatzte nähte rauhnähte, die senkrechte sodann. flug-
zeugleiber im wie-ein-stein; im stürzn abstürzn noch
auf die auslöser drückend, grelle hälse, verwackelnd,
scheißend in vielsprachigem stoßgebet bevor im grunde
das alles hinterhältig endet. ohne einen gesang.

kölner pegel

1
geflutete köpfe! ein schiffbruch-klima;
aus der duldungsstarre löst sich (auch hier)
die natur:
        geschrumpfte, zusammgeschnurrte
pfeiler; gelenkiges wasser!, ein fast-biß,
fast-bis-zum-halse-stehn und hysterische
momentfotografie

2
bekanntmach, hochwasserg
fahr! hochwassstände: tel. 73 ...
ab 8 m kölner spiegel wird dring empfoh (es folgen:
arabisch eins, zwei, drei; es folgt ein preußischer
noah-prospekt, es folgn 4 und 5, ein sintflutklima ge-
fluteter köpfe;

3
(rollfeld, halbseriell);
                die kilometer/rhein-
kilometer/di eingetütetn zahlen/mit treibgut
behängtn salix-salix-kronen/ersoffenen for-
sythien/das albhafte klickn/dies nächtliche
ausklinkn an improvisiertn sandsack-installationen/
pappteller der di pizza hält in reißzahnhöhe/

der rhein der hier seine gebißreihe entblößt: IN
AUGNHÖHE/
      (»zahlt dir keine versicherun'«),
und zugemauert wird noch mitternachts;
                                      und einen
sah ich: di fugn der stufe fönen mit hellblauem
fön, fingerbreit der riß, der trocknen sollte,
danebn lag breit schon di silikonspritze.. VER-
DICHTEVER
      DICHTE DIS BILT;

rheingau und ohr

                    ne-
blichte, eigentlich unbelich
tete gegend, das wächst von obn
zu; hier, gegnüber: germania
verhüllt, wagnernd;
                    gegn-
über hier sei ich geboren; hier
ist der kaiser-samtroß fast indi
luft geflogn, neblichterweise
einmal.. rauhreif, vers-
offne rebn-düsternis

heimatgedicht. (persil)

im anflug, tiefflug schon: *goyageschwader*.
   heimdraht   d-dorf:
»jungenz ein schrekkliches flaster (...)«, »di bäu
me aber, innerlich robinienwind! niederländischer mei
ster schon; di sucht (kunst) wenn er di pappeln sich
hernimmt, hartrangenommne (außerhalb) alleen..«, »ich
bin selps düsseldorfer/jungun süchtich/findichschön«

(für Juliette Tillmanns)

gedicht für übersetzerstudentn

übertragun'!, wi komnu zus über
übn-tragn! (*fig. 1*): »voll an di
waffel gekriecht«, »übersetzn si«
»durchkrochne wabn« (*fig. 2*), »a-
beizbienchn losgejagt, jäger- und
dreiimkerübertragun'« (nie übers
hetzn, indi kohle hant gesprochnes
sprachelchn..; es folgt, *unfiguriert*:
DER DENKGESEZZE ÄDERUN') bewaffnetn
aux betrachtet heißt »dat rübn setzn«.
geändert, simultan gezeichet: dokter serner

(für Andreas F. Kelletat)

knirsch!

ratternde platte. wind-tape in
den kron. flekkiges *huschhusch* das
durch bänder zirpt: ein schädelge-
flakker, gestöber im anflug, stellen-
weise blindflug durchgeführt.
ARCHIVE
GEPLÜNDERT / GEPLÜNDERTE PLÜNNEN!, +
1 GAUCH NACH DEM ANDERN! split
tergrääm im unzerstörtn aug: balkn-ba-
lkn-balkm. im augn-, im -schauerraum
ein hin geplatschtes licht, schon
wieder zugeschattet: fott. ein zugeschü-
ttet, ausgeschlürft; ein-totes-paestum
das da rattert; -glifnplan, glifmplan o
or, organisazzjon TOTH, o GOtt

(für Oskar Pastior)

DAS HEIL. (»paulum, ein wenig«)

    nicht von
antschel: herzgespann. weich
behaarte, hohe lippen-
blütler.

    so gehz
weiter; ödlandkönig, farbenlehre:
starkes gelb im löwn! lattich,
hufmaul, -zahn. so nah-

z

ENDI WARHOL †

finnischer februa, trockn
der minuswind, in fahren
heit für mich nich aus
drückba;
        als ich di bank
betrat   was is der brei
tngrad dort (pohjola), lag
da di zeitung   foto/kreuz   ich
brauchte nichmehr nachzu
                        fra

BAYER †

1
helden   gedenk   tage. (fahren lassn.)
immer wenner am bayerkreuz vorbei-,
vorbeikam & also abfuhr, sagt er,
zur orz-, zur herzangabe: dein

2
gas, konradin (1252-1268)!, bayerwerk das dich entf-
acht, enthauptet hat, erzengel; fla-
mmenschriftn ausm 1. bezirk! und
steht. bedengx, dahinfahrend

einer der felsn

            breitn-,
also verbreitete breitn;
hinzugezogne, -gefügtes breitn, ein
breiterer brei
            mundtoter p; ein 35-kilo-patient.
hör zu was deinen breitngradn, geradn
deiner breitn entspringt: höchste her-
vorspringun', raus-ausm-felsn, gesprengtes
di reineren sprengungen! verbrei
            terte breitn-
wirkun'?
      laß doch laß, bleibendes felsn, g
felstes, ja: felsn

(für Reinhard Priessnitz)

gewürzter hals, morgendrossel

> *O flaumenleichte Zeit der dunkeln Frühe*
> (Mörike)

es ist rein   reine halswürze
ist es, tags danach noch:
ungedrosselter morgn von ein-
mal keinem aber-bilderrätsel
verstellt;
    wie du so schön,
bei jedm schluckn (kehlendeutung, ich
deute meine kehle) dich zu mir
gesellst   dies schluck ich gerne
TATSACHE MANCHMAL IST DAS LEBN
1 LUST

ausgerottete augn

du! wi schwer doch; aus dem schmerz-
schattn tretend: du; (schmerzcomic, liebes-
gedicht): di unterschiedenheit, das hin-
gestreckt gewilderte deines durchunddurch
geliebtn körpers, beschatteter nabel, »klasse
durchgef...« in stundnlanger augndurchtau-
chun'; zu
     letzt ICH WIEDERHOLE DAS AUGNDURCH-
TAUCHUN'. am ende ein erwachn aus laszivn (halb)
nächtn mit immer noch betörtn augn & körpern mai
butter der mont, nachtdach, du als schöne denkerin;
es ist BRIEFBESITZ, unsre besessenheit in besessenen
briefn in denen (...), es ist unsrer lippn bilokation
das wachn das bleibn mit ausgerottetn a.

braue

dann: du, unverwandt, mit ganz unaus-
sprech, mit den ganz unaussprechlichen
augen und namen   das alles geht unter
dem schutz unserer hände vor sich. lippen,
und denen ablesen: nachtübung auch dies. die nacht-
namen, im o-ton, haben ähnlichkeit das geb ich zu:
wie aber wir sie handhaben mit unseren, ähnlich-
machten in unserer zunge war irgendwann keine
frage (»mehr!«). kein aber bleibt unter
unverwandt staunenden brauen

in flußarmen

fließband das flußband. die untergegangenen
namen der flußgottheiten. treibendes leiber-
führendes licht. die sonn der sonne gebogen
auf dies vlies gebettet; schnell zitterndes
schnellzitternd hingegebnes fließen, fast boden-
loses terrain. außenaufnahme speichelfluß was
man durchaus als schillerung als umbra-flußarm
flußknie narbig als salzgekeuchten text be-
zeichnen muß und lesen könnte. doppelbelichtungen,
innenaufnahmen. folgen sie denen und deren folgen.
durchaus denk ich, in gebadetem selbstgebadetem
haar, geschwommnem fell, das so; denk ich deut-
lich bezeichnetes treiben, namen der flußgott-
heiten eben, sowie an undeutliches brot an
spätem tisch.

rheinzeichnung, das hör ich:

fig. 1

was du an worten (speichel) siehst: *malevich*,
halblaut anvisierende genauigkeits-stimme,
ist auch da, vis-à-vis. diese beschilderten

fließkilometer, unser argonauten-argot, muskel-
kater bei jedem schritt in dohlenloser gegend;
tiefflug rauchschwall, überbordender leib der
mauersegler überm abgeschilderten fluß; über
abgehörtem hirnband, den folgen, kniend: kniend
über den textfolgen der sonne; nicht trocknen-
wollender nicht zu stoppender fluß, bei jedem
schritt, durchaus

TIROLTYROL
23-teilige landschafts-photographie

für Ute Langanky

3

den ellbogn, magdalena, schädel-
gestützt; deine rechte hälz ma-
ssnhafte haar, & über di schulter
erblikkstu di unheimlich langen
beine-des-engels der nieder-
gleitet zu dir

4

mühlau, †

was wir besprachn   grauschie-
ßnd, untn, der inn; obn (untn)
ein grobes plattngrau: seine abdekkun',
über polnisch überführter staubklebe hoch-
ziehende nebel, hellzte line-düsternis
über innsbruck; da, ein gehen dahingehn
und flanierte konzentration (gespräch)
einer lebendn aus wien mit einem aus

7

kitzbühel. panoramafenster

fickwahn!, knalligste monturen!,
was da zur tür reinmoonbootet und
-schneit! londoner stadtadel mai
länder fabrikantntöchter münchner & wie
ner wiener-und-tempo-mischpoche (»der da«,
»die da«) bei laffm schnee, hingepustetm
kunzschnee (...); rollsplittschritte, ein
hingestapf zu glühwein drinks malakoff-
torte; pelzjäckchn geplustert, fickwahn,
pistnröte von gestern nacht, aus gelbn
knallgelbn boots staksig der ihre wadn
da raus; hah-
nenkämme! in seiner nische ver-
löschnd sankt florian

8

3000er (lawinenlicht)

                diese wand:
lawinenlicht, harsche tiefkühlbox (»mittn
in der nordostwand«, »sauerstoffarmst«), die
zu durchsteign zu durch-
            segeln, mitunter; wenn
wir uns di sturz, di absturzfotos anschaun
wolln (55?) des abgeschmierten kletterers, na
der im moränensalat, das eine weggeknickt das
grobe *sebastiangesicht* so überlaufm (»todesge-
tigert«, »endverdreckt« undsofort), gezackte
fifties halt;
            wir entsinnen uns
des heilgen bluter friedhofs, alpinistenlagerung,
fünfundsiebzik: di märklinplatte mit aufge-
klapptm glocknertod (»erfrorn aufgefundn«,
»in der pallavicini-rinne vom bl vom
blizz erschla«);

                ZIEMLICH MASSIV, lobn wir
das einlulln durch nebel, binnen weniger mi
nutn diese 200 m luft unterm hintern, gli
tschiggewordner griff im nu.. di

                              krematoriertn,
in urnen heimgekehrtn söhne, gletschersalbe am
glas, lebenzrettende enzianküsse, runterge
stürzte obstlerflut UND DAS EDELWEISS UND
DAS EDELWEISS, beim klingeln in der
glübirne das alles das alles: IM
LAWINENLICHT

GEMÄLDEGEDICHT, SCHRUNS

(»..geb. 1894,
als Einj.Freiw.Untjgr. ALS
EINJÄHRIGFREIWILLIGER UNTER-
JÄGER am Pasubio für das Vater-
land gefallen 1916«);

grabfeldentsteigun', geflü-
gelte eskortn; dort drobn, klar,
wird jubiliert; ausweiskontrolle:
marterzeug;
   »gedt hin ier Vermaledeite«,
auf schub-, auf leichnkarren führt
beschwingt ein teufel das sitzende das
bremsnwollende, halbnackte menschliche
lamento dem feuer zu; von ungeheuern an-
gespien, di hände hoch!, beidhändig
spielkartn (3 herzn) wirft der hoch di
sich in seinen fingern krümmen, gleich
schon flammendes zurückgekohltes herz-
papier; wem, kopfüber in den pfuhl, vom
hochsprung niederkommend (fosbury-flop)
das leichn-, das lendntuch halb übern schen-
kel rutscht »Weh mier unzüchtiger Jüngling«

SPRECHBLASN, FEUERBLASN IM SENSNGERECK »gehe
hin du unkeuscher (*unleserlich*)«; di opfer
an kettn von engeln gezerrt, oh grausam di
HIMMLISCHE BAHNPOLIZEI, hier noch mal strom-
stoß (lies: flammenschwert), »der kniet doch
noch drüber!«, geflügelt schlägt derda jetz
noch ma zu   jetzt schneit das jetzt matschig
jetzt kriechendes naß, das teilt sich: ein re-
chtes ein linkes, das obnunduntn, das teilt
sich di hiesige witterun'

(für Martin Gostner)

15

schwarzgelbes stirn

band (rauscht), ein rauschen da
hintn; ein weißes, das, tannenbe-
pelztes rauh WODAWIL.. WODAWILBA, rau-
chende massive (eingenebelt), breitere na-
tur; WODAWIL!, NATURBREITE GERADEZU! durchs
rauschn, den kamm durch di stirn den berg-
kamm durchs haar, tannensäge durchn nebel;
sägtn di nebel unsichtbaren zahnz den grad? das band?
stalinrote wanderwegmarkierung (tannenbanderole),
säge di den nebel sägt und rauschn, eine weite..
WODAWILBA

19

tyroler haiku 2

links flankender pfeil.
bei kopfschuß indi knie gehn.
sebastian löscht

20

»*schneehöhe*

———

den 24. april 1817«

aufnahme mai 1914

8.0
»der sizzta cool
+ is am plazzn.«

8.1
gefaltet, beherrscht; di beherrschtn hände

8.2
gefaltet. in leicht vorgebeugter spannun'.

8.3
was für ringe unter befallenen augn.

8.4
gifte. di fielen. TRAKL (27)

8.5
HAT NOCH EIN HALBES JA + GRAMM

berliner bewegun'

1
gegnerader im visier, anvisierte
halsschlag- oder bauchschlagader;
des schweigenden mastino gut-
belichtete augnfaltn bevor
er sich in bewegung setzt:

2
jetzt.

WIR HABN IM SOMMER in horváthschn
gärtn die blätter knistertn zu bodn
die erstn lindnblätter dida zu bodn
im hochsommer schon, da habn wir wes-
pnbewegun' (beschrieben), auch sie
reichlich früh dran dies jahr über
tellern und gläsern im sinkflug im
sommer im stürzendn juli; die hände
der gäste das schnellen die schlen-
kerndn arme, das aufstehn das -springn
das leeren der gläser das tellernach-
füllen für wespen von wespen die kommen
und gehen unter leichtn bekleidetn ste-
chendn augn; so lindntische in horváth-
schn gärtn darin das gläserabdeckn *das
wespn-einsperren*, geworfne zur seite
geworfne hälse verzogne münder im nahflug
der wespn, ein zinkn der gabeln die seltn
die wespn nur treffn, da fallen im knir-
schn der stühle im dreckskies in dreckskies
die blätter der lindn die erstn der mächtign
wespn, ein zweites und drittes schwellendes
wespengelächter, schwarzgelbes stechn ein
klatschn und fallen in linddreckign kies
und weiterhin ziehende wespengespräche etc.,

e   t   c

mann aus reit (rheinland)

1
goebbelz zeigefinger (»... wird
ihnen das freche judenmaul gestopft
werdn«), sein danach cool auspen-
delnder unterarm; erneut schwingt der
hoch, der arm: aus dem handgelenk ge-
schüttelte hand, dem publikum gewiesener
handrückn GREIFHAND NACHTERGREIFUNG,
SEINE AUSSCHWITZ-GRAZIE: EIN PROPAGANDA-
INSTRUMENT
       GOEBBELZ hoch- und nieder-
sausende finger ... draht, gas und

2
gebisse.

die fremde

-gerissn, unbeflügelt; nicht mal
flügellahm   so kommt mit mir ein
reisetag daher: unbeflügelt, mitgenommen, ohne
halt, ich sitze fest. durchreisetag: bei irgend-
einem -witz hat eisenhut (?) geblüht. da draußn,
schwarz, die namen sachsens; und sachsen riecht
nicht gut; partikelsachsen (staubige augn) we-
hen rein und aufs papier, diwischti hand weg,
kantenhant   ich, reisend durchgerissn, mit
bis auf die nächste unberührter
eisenhaut

ssfinng-uuinngx

rein in den kopfbahnhof, drängend.
jungezungn: di sprachn di argots ab-
schreitn. die abgeschrittenen bahn
steige, flackerndn liverpool-scarfs JETZT
WIRD ALLES PLÖZZLICH VERSCHRECKT UND LÄUFT
in fasanenfarbn goldfasanfabm, eine art
feinwaschmittel, vor unserem auge ap.
schwarze serie. russige zungn, entladungen,
russische argots in schellack in wartesälen
während, nachthustn in turnhallen, dringend
eine reichsbahnlok einfährt versichern wir
ihn das, rein sprachlich, bei abge
schnittenen verbindun'

von inneren minuslandschaften

gedächtnisprotokolle von gedächtnis. kuppen
temesvar ohren −15, zehen zehennägel −15, fuß-
sohlen augäpfel unbedeckt hermannstadt −15, tag-
der-autopsien −15 bedeckt, bauchräume kniescheibe
flatternd, dein hingestrecktes haar karpatenhaar.
besser kuckn minus wir uns das garnich erst
an. kamerafahrten: in doppelbelegung, -belichtung brut-
kastenpferche. säuglinge notbeheizt, wirrnis und minus
im schwindenden blikk die letzte, gefuchtelte regie-
anweisun' c.'s (bedeckte sicherheitsangabe). zu-
ngnstrünke: -all-irm-inger. medienhimmel leuchtend
bei fünfzehn grad minus. da fällt c.'s pelzkragen-
coverleiche draus raus. gedächtnisprotokolle von
gedächtnisprotokollen von verflimmerten von
inneren minuslandschaften

effi b.; deutschsprachiges polaroid

1
    endlostelefonate & lehm;
woran schei (»wo?, woran bitte?«)
                                di mo
mente di aufnahmen, di pralleren albn: o
vale photographien, apgefrühstükktn myrthn;
begrenzungn, uneingesehene zungn (»nie gelernt«),
gestopfter spül/be-för-derunk   na klar, im an
sazz verschwindet das, ist schon verschwundn he-
rztattoo urlaupsmunition AUSZEHRUN' wg. SCHRAN-
KWANT, SCHLAFZIMMERHUND NEUM TEPPICHBODN (hier
fastzitat: »sehnsi di fototapete, breitwantschul-
dn   sehn sie sich *das* an..«); WORAN SCHEITERT MANDN

2
effi bekompt von ihrn mann   1 spülmaschine, elektr.
dosnöffner, bodystockings (= ›neumieder‹) und worte;
e. als (wider)wortmaschine, dida sagt sehnsuchtsehnsucht
zu sich; effi macht sich zum abreißkalender, dabei
füllt sichs familienalbum (...) JETZT,
BLAUSTICHIG, UNFOTOGRAFIERT:
                                »di mir gleich so
sonderbar aussahn weilsi strip pe hattn und drei- o
der 4mal umwikkelt u. dann eingeknotet und keine schlei
fe di sahn ja schon ganz gelb aus«

3
tablettnaugn, dazwischn grillabende o. ä. (zäheste dias),
das schnurrt nur so runter GEBUZTAGE, FILMRISSE, auch
etwas das sich häuft   ER (zu nem freund): WORAN SCHEI-
TERT MAN DENN IM LEHM FRAGEZEICHN ÜBERHAUPT IMMER NUR
AN DER WÄRME

di weite sucht

          senti!,
das nach wi vor heftigste:
den sprachn das sentimentale
abknöpfn, als wär da nicht schon so gut
wi alles im eimer; bausch der im
hohn bogn in ein op-behältnis
fliegt;
      ein nachtzug, draußn, der

Aus: *nacht. sicht. gerät.*
(Gedichte 1990-1993)

russischer digest 1

rolltreppe russland runter,
in teile zerborstenes wr
akk, gut sichtbar deutlich ver-
nehmbar leningrad airport unweit der landebahnen russ-
land landunter, rolltreppe runter u.
in wasfürnemtempo.

1
unter falscher flagge erinnerungen; das ist
tief zurückgelassn, si müssns
sich mehr biltlic' mehr bildlich vor-
stelln, siehe obn »frogl-perspektive« oder so
hunde, wenigstnz oder eine gesträubte re-
storankazze, milizmilizmiliz.
also außerhalb bewafffn
etn auxx, fernzeug augnbewaffnun auf
runterhastendn rolltreppn METRO-
POLIS STICHT LANG INZ EINGLAS, zugestaubte
»wi-di-heringe« metrogesichter, di wolln
nach anderswo, alle.

2
di taxifahrer voll auf drastisch organ-
isiert und, kla, WUCHERMÄSSIG auf dewisn wo-
bei di leitung direktleitun' unterbr-
ochn wird und glüxxschpiel ICH BIN HIER

TURIST »mal briefmarkn zu erwischn«, ru
zzlant abgeschlossenes sammel
gebiet, ich war einziges augn
desaster, -versagn,
klappschpatnangriffe; spießrutnlauf, preu
ssisch gedacht »glattes flanieren«. nachz,
schwarzenegger tappt durchs hotel-rausch-
tiwie.

3
also, klappspatnangriffe; ma hörn was
di »sankt-petersburg-debatte« macht und
wieder unterbrechn weil ein funktio
nierender kellner seine einheitn tschai
abgeliefert hat und, unterbrechung, kalinin-
grad (heißt bald kant) grade wegn zwölf
diphterietotn für reisende gesp
rrt ist. in diesem augnblikk werdn wir
von bodo hells russischer panoramakamera
aufgenommn, hokkende vor

4
chlebnikovs grab.

russischer digest 2

geschabte, hinschabende kriixx-
teilnehmer im wisagtman »straßn
bilt«; teilnehmend grünscheinig
auch wir, nasngekränkt, bei angekni-
kktm sensorium, di in mehrreihig
dekorierter joppe, ihr dahinschabn als
demontierte heldn-der-sowjetunjon. wi
solln sie (biltunterzeilen-fremde) wi
solln si, stalinz grab so gladiolen-
überhäuft, dasda verstehn: das wiegn
der sagnwir achtzehnjährign hare-krishna
jünger vor leningrader theaterkasse? das
gefährliche drängeln vorm neueröffnetn
lancome-geschäft wo doormen den einlaß
zu regeln versuchn? di fremde di bilt-
unterzeiln, peitschender schwall. blikk-
kriech augnversehrun'. di greifn auf:
zu keinem ende hilflose personen; di bet-
lerarmada vor knallvollen kirchn darin
des heilanz wundn fußwundn unter blind-
geküßtm glas, ein, nochma anders (fellini-
setting) schlangestehn; gebetewogn im
poststalinistischn durchräuchert, mit blo-
ßer hant löscht eins der altnweiber wachs-
stümpfe aus di jätet si in ihre linke,
plazz für den nächstn kerznwald der schon
entflammt.

zweite petersburger hängun'

krallende sindz, zukrallende
kralln. den flugschreiber, voice
recorder der aeroflot, ham wir
in auswertun'; di ganzn kirschkerne
textkerne: PUSCHKIN FÄLLT UM UND
WOHNT WIEDER IN SANKT PETERSBURG krallen,
zurückgekurbelte kaiserliche-akademie-der-
künste, di lezztnminutn rekonstruiert, ab-
gehörtes herzschlakfinale, und »wirklich?,
russisches rulett?« verstandn, wobei so rich-
tich mit karacho das suprematistische service
zu bodn geht da schd-
                okt man, ein textkonvoi
von schwarzn limousinen der hier den blikk vrr-
schperrt, dies russland im museums-gegnlicht:
drekkiges (touristn)dutzend am allermiesestn
madame-tussaud's vorbeigeschleust, käsiges ex-
ponat dort im schneewittchensarg, eins kann
man sagn: brennt *noch* licht. und schw-
enk.
    krallen sinz. eisnkralln. di städte im
dunstkescher bei finnisch vollgekozzter nachz
hotelba' (»nehmsi dolla in kleinschein mit«)
worauf denn auch, ferngeschpräch, kannst mich
noch hörn, »di nuttn scharf sind und angeschafft

wird echt dihölle«. jezz kriecht erma lev
rubinstein in einer taxifahrerkneipe moskaus,
falscher ort, von afghanistanveteranen voll
auf di fresse. so geht das. aurora-bausazz,
im blikkfelt rennende rekrutn MUSEUM DER VÖL-
KER DER SOWJETUNJON:
       durchatmen, burjatische
schattn, tungusengruß, ein schwenk auf di
ewenken: atmende, noch durch di vitrine schl-
angenhaut, feinstrotgestichelt, 32 kilo eisn-
amulette aufm rükkn da man den nevski-
prospekt hereinträgt, kann man augn
trauen?, rechz schwenkt! schwarzgelb zu-
nächst und ziemlich großformatig dies
flakkern aufm nevski-prospekt, beim nä-
herkommen siamesisch-doppelköpfig, -endn
zeigend, alle krallenendn zeigend, was
für ein schauerlicher hilfsgeist in un-
mittelbarer metronähe: schwarzgelb erkna-,
erknatternde czarenfahne.

sicht. (holbein d.j.)

basels rechter fuß (links:
blikk gekappt, weggeklapptes ange-
sicht); nebenfuß, geröntgt, rechz,
weist signatur weist sein
unverfallsdatum auf unterm
dunkel. sebahre, basels anseh-
bare totnsohle.

körperzweig (foto katalog)

hier zeitungsausriß, gelbe
zettel-salbe, frisch ausm
fixierer:
    eine von der stephans-
insel; van steffesweerts im
blikk. einer »hl.-lucia-von-syrakus«
seitlich den (zier-)dolch durchn
hals holzhals, durchs halsholz ge-
jagt; barock-schwert zwischn ihre
flechtn.
    empfangsstation gesicht.
zweigstelle, ablage-des-leitz bei
konsequenter lidersenkung eine stand-
bein/spielbein-entseelte, von blikkn
abgeschottet. hier, mit links: mär-
tyrerpalme rechts im bild; wegflam-
mender, vom körper, zweig. anmutigster
zweikörper-halt! und haar!, und wie!
»rechts, wisis kleidheld!«, »lakk!«.
saumführung zur körpermitte; ihr hand-
verkörperung in hüft-, in höhe, -nähe!
LAUFSTEG-DES-TODES, zur gürtel-bordüre
geraffter stoff wo klirrender kettn-
glieder beginn, etc.

schwarze sylphiden

der ihre sprache, eins-a
ware; verstehn (wollen); kom-
plett kannitverstan. links
gestrüpp, grauwert, savanne.
(»lassie dreizehn sein, di zwei
kolossale tittchn, eins-a wa
kolonialer nabel, lichtbildner,
der ausm schattn tritt«) der
auf di bäuche fällt. münzgroße
zierde überm schurz, narbnanordnungen.
narbnordnung auch über der stirn.
verschlossene, unbepflanzt ihre lippm,
aus irgend vorkrieg/nachkrieg VORZEITN
im rückblick mitbringsel, im schädel-
spind im sucher. schwarze sylphiden (13).

-*paßbild. (polke, »the copyist«, 1982)*

»*monk at work.., vor ort..*«, buch-
stabiert wer, vermutet notker den
drittn. es ist restlicht-, restlicht-
verstärkung, lesart, schwebe;
        *links vorm
rand:* pol/*über* p *rasur oder schmutz-
flekk*/*zweites* l *auf rasur*/ *vorher* ei
ausgewischt;
    (...) vielmehr ein bild
sich macht, davon, im bildstaub; wa-
tnd. ich meine diese art *bildzerstäubun',*
das vernissage-gestotter jetzt ma bei-
seite. wolknformation so ebnhin mit schütt-
rem fernkreuz(chn) versehn. eine frage
der sehkraft, da der schreiber, bildzer-
schreiber sich di talschau versagt, oder
di hohen stämme vorm tristhang. schreib-
instrument pinsel kompaßnadel: das weist
richtung stirn; der hintergrund traktiert,
gewalkte farbe (»sagtnsi: übertragungs-
konzentration?«). ich lerne das wort ein-
paßbild. eben. e *aus* a *korrigiert*/
dessn erster strich *durch übergesetztn*
punkt/ *getilgt ist*

brandenburger wetterbericht

> *fast alle wochen hörten wir nämlich*
> *neue ängstigende geschichten von*
> *eingebrachten deserteurs... da mussten*
> *wir zusehen, wie man sie durch zwei-*
> *hundert mann achtmal die lange gasse*
> *auf und ab spiessruten laufen liess,*
> *bis sie atemlos niedersanken, – wie*
> *sie des folgenden tags aufs neu dran*
> *mussten, die kleider vom zerhackten*
> *rücken heruntergerissen, und wie wie-*
> *der frisch drauf losgehauen wurde,*
> *bis fetzen geronnenen bluts ihnen über*
> *die hosen hinabhingen.*
>
> (ulrich bräker,
> der arme mann im tockenburg)

1

odnstreifn-ordnstreifn.. fahrtwind süd,
süßwest die fahrt, und diesmal ungestempelt griebnitzsee. grenzschweiß, getrocknet; aus der nase grenzerschweiß. andre,
bei demontiertm, abfertigungsbeton, jetztzeit-schweißausbrüche. *ordnstreifn-odnstreifn*.., sausende chaise, leibjägers wacher blikk. das leiert-leiert, hört
sich an wie *babel-babel-babelsberg*. die UFA
draußn (eingeklammert) als schlechte kopie:
in der kantine (selbst-)vergessnes retro.
er selbst, aus kettwig/ruhr: otto gebühr
im schweißfilm unter reiterschmerzn; wolfsschanze die innenseitn seiner laffn schenkel;
mit spulenknatterndem koppe. mehr abseits
ein gebühr-double, eine gedoubelte UFA, sowie das double einer UFA-kantine. und dies
reißt ab. ein mega-megaphon; man hört: »nach
pótsdam. zú-rükk-blei-bénn.« dann wieder dieses *odnsteifn-odnstreifn-ordnsteifn*.., süß
west.

2

1942. stechschrizz licht. UFA-kantinen-
geruch und geht nicht raus. WIR BEVOR-
ZUGN DAS KALT–GESCHLEUDERTE GEDICHT,
seitliches gleisbaufahrzeug der deu-
tschn reichsbahn, ölig, gelb. bild,
schaltungen. stechschritt fritznlicht:
potsdam im juni. potsdamer einkaufszone,
deutliches sprachspree BEI RÄUMUNG GIBT
ES TOTE, potsdamer schäferhundschnauze
potsdamer schäferhundzunge, fertiges
voll fertiges fensterglas-tattoo. NVA-
tarnnetze über der gutenbergstraße.
kehrtmarsch, voll schimmliger grenadier-
choräle der schinkelhimmel, geflüsterter
laubengang. einzel. bild. schaltung.
friedrichs zurückgespulte blaue augn. des
altn geschwollenes fritznbein, da möcht
er zurückspulen, gerne; gesampeltes wind-
hundgewinsel; windzunge, hechelnd. aufm
anzug atlasanzug schnupftabak, alles voll,

3

tabak übers gesicht verteilt. p. ißt, er-
bricht; hartpreussische erbsn zumeist. p.,
ein windhundgerippe, verweigert medizin (löwn-
zahnsaft). auf zehenspizzn kammerdiener; leib-
ärzte davongejagt. und retrokamera, gerafft,
größtmögliche auflösung: der staubpilz, pra-
sselnder mörtel vom gesprengtn schloß, wird
blitzgeschwind zurückgesaugt ins auge. tonloser,
weggesaugter friedrich. busweis beknirschter,
durchgeharkter kies: blutbuche Seyn park, langer
kerls schattn über der begonien-schlachtordnung;
zum augnangriff jährlich 70000 stiefmütterchn in
formation. und spul auf 17/57. *locus amoenus* zer-
sägt; fingerdick der staub in der geplündertn
neptungrotte; rokoko-knie, -zehen, -schenkel ab-
geschlagn. nach königsberg gefaxtes gedächtnis-
protokoll; gottsched am sender: ICH HABE VON
JUGEND AUF KEIN DEUTSCH BUCH GELESN/ UND
REDE
ES WIE EIN KUTSCHER/ JETZO ABER BIN ICH EIN
ALTER KERL/VON SECHS UND VIERZIG JAHREN/UND
HABE KEINE ZEIT MEHR DAZU ...

(zwei pflanzpläne)

BEG.-SEMP. ROSA	BEG.-SEMP. ROSA	BEG.-SEMP. ROSA	BEG.-SEMP. WEISS	BEG.-SEMP. WEISS	BEG.-SEMP. WEISS	BEG.-SEMP. WEISS	BEG.-SEMP. WEISS	BEG.-SEMP. ROSA	BEG.-SEMP. WEISS
LOBELIA FULGENS	ZINNIA ELEGANS	FUCHSIA 'DTSCH.PERLE'	CUPHEA IGNEA	TAGETES TENUIFOLIA	ACERATUM HOUST.	MIMULUS HYBR.	ZINNIA ELEGANS	IRESINE LINDENII	COLEUS 'KUPFERGOLD'
LOBELIA FULGENS	SENECIO B. 'RAUHREIF'	PELARG. Z. 'MERKUR'	CALCEOL. INTEGRIF.	HELIOTROP. ARBOR.	FUCHSIA 'BEACON'	LONAS INODORA	FUCHSIA 'DTSCH.PERLE'	IRESINE LINDENII	CALCEOL. INTEGRIF.
LOBELIA FULGENS	COLEUS 'KUPFERGOLD'	TAGETES TENUIFOLIA	TAGETES TENUIFOLIA	SENECIO B. 'RAUHREIF'	ZINNIA ELEGANS	VERBENA HYBR. WEISS	SALVIA SPL. 'FEUERZAUBER'	IRESINE LINDENII	CUPHEA IGNEA
BEG.-SEMP. WEISS	BEG.-SEMP. ROSA	BEG.-SEMP. WEISS	BEG.-SEMP. ROSA	BEG.-SEMP. WEISS	BEG.-SEMP. ROSA	BEG.-SEMP. WEISS	BEG.-SEMP. ROSA	BEG.-SEMP. WEISS	BEG.-SEMP. ROSA

LOBELIA ERINUS	BEG.-SEMP. WEISS	ACERATUM 'TAUBENBLAU'	BEG.-SEMP. WEISS	LOBELIA ERINUS	BEG.-SEMP. WEISS	ACERATUM 'TAUBENBLAU'	BEG.-SEMP. WEISS	LOBELIA ERINUS	BEG.-SEMP. WEISS	ACERATUM 'TAUBENBLAU'	BEG.-SEMP. WEISS
LANTANA 'W. BALL'	FUCHSIA 'DOLLARPRINZ'	VERBENA 'W. BALL'	ACERATUM 'DONDO'	LANTANA WEISS	FUCHSIA 'DOLLARPRINZ'	VERBENA 'W. BALL'	ACERATUM 'DONDO'	LANTANA WEISS	FUCHSIA 'DOLLARPRINZ'	VERBENA 'W. BALL'	ACERATUM 'DONDO'
CHRYSANTH. PARTHEN.	COLEUS 'HERO'	DAHLIA PINN. WEISS	SALVIA FARINACEA	CHRYS. FRUT. WEISS	HELIOTROP. 'MARINE'	CHRYSANTH. PARTHEN.	COLEUS 'HERO'	DAHLIA PINN. WEISS	SALVIA FARINACEA	CHRYS. FRUT. WEISS	HELIOTROP. 'MARINE'
VERBENA 'W. BALL'	ACERATUM 'DONDO'	LANTANA WEISS	FUCHSIA 'DOLLARPRINZ'	VERBENA 'W. BALL'	ACERATUM 'DONDO'	LANTANA WEISS	FUCHSIA 'DOLLARPRINZ'	VERBENA 'W. BALL'	ACERATUM 'DONDO'	LANTANA WEISS	FUCHSIA 'DOLLARPRINZ'
BEG.-SEMP. WEISS	LOBELIA ERINUS	BEG.-SEMP. WEISS	ACERATUM 'TAUBENBLAU'	BEG.-SEMP. WEISS	LOBELIA ERINUS	BEG.-SEMP. WEISS	ACERATUM 'TAUBENBLAU'	BEG.-SEMP. WEISS	LOBELIA ERINUS	BEG.-SEMP. WEISS	ACERATUM 'TAUBENBLAU'

thüringer ton 1

über ungenannten flurnamen licht-
bilder; harschiger bodn aus dem
das rotliegende sich schiebt. eine
insel, ein berg; kein pferd. buch-
fink gibt kehlrahmen, besnbestand
von kuppn erblickt; knorren (kna-
rren) aus den stämmen, »finstere
tanne« geknurrt, »waldschlößchn,
schlüssel, gebohnerte pension ta-
nnenrausch!«, wenn bleiern di vorstadt,
lichtkeil hintern wald getriebn, ein
wartburgkühler, vorbeigetragn wird.
mittndrin: eine (gotha steht im gotha/
STAU Z'ISENACHE), eine noch abgefucktere
gründerzeit. kammweg-der-melder, ach augn-
stau; am rennsteig wird gestrichn.

thüringer ton 2

geräderte, dennoch fortgenannte
tonspur: radspur-geächz ausm
mittelgrund; steineichn, das
alter märzlicher lindn wo über
meiln, rangezoomt, di wartburg
herangekarrt wird, ächzend, und
wie. LUDWIG DER SPRINGER WÜTET
SANDSTEIN INS FAX / PUTZMUNTERES
FIRMENSCHILDERLICHT. »chaussee-
haus, gestrichn, wilhelminische
ausspanne«, »ordnerleere (*gestrichen*),
verwichene czerni-etüdn, staketn-
zäune stark vermorscht«. ein
bienencontainer unweit des straßn-
verkehrs, dahingeparkter stock; di
einfluglöcher: anstrich mehr als
abgeblättert, da in der wüstung di
gutes wasser hieß, der bussard
stillhockt; in spähweite (richtun')
BP-areal.

gotha.
(die beendigung der grumbach'schn händel)

jagd-schlüsselton, eine wachtelpfeife?
auf der *hirsch-screen*, staubign geweihs:
vor linkrustatapetn diskrete erschei-
nungn; ein schattngemach, gemache von
schattn. vorm unter strahlenbärtiger
sonne, vorm ehebett seitlich der fürst-
liche fickspiegel; stellnsi sichs gefl-
üstert, als gewinsel, duodez-gewinsel
vor, »kerl acht«. nebnan die tür verhängt,
weißvollgespritzte plane; das dudelt das
anstreicherradio; voll attisch-schwarzfi-
gurig eingesammelt, cypro-klassisch II B;
ein schlechtes tischbein; doppelcranach
abdürer aus platzmangel im magazin. lang-
zeilig-mehrzeilig, saal soundso, vielleicht
etwa »fliederzimmer«, kyrillisches, so '45, ins
spiegelglas geritzt; seht Dero fächer.
englisch 17/70. KUPFERSTICH AUF SCHWA-
NENHAUT (»kerl 8 tage krummschließn. ab-
nehmbares gesichtsteil.«); staub in den
wimpern, kerl und zweig erlischt.

gegnsprech

anlage. jedes der bakelit-
telephone wog. hatte das gewicht
von, sagn wir. halbiertes, »elephant«-
nhaupt, u. grau aufgestelltes ohrenpaa'
als er auf sein geburzhaus (wies?,
zu sprechn?, kam?). grubnpferd g-
dächtnis. weimar II, ein unbetretner
fremdnplan

löschblatt. bijlmermeer

1
geschwindigkeit.
höhe.
kurs.
steign.
falln.
uhrzeit.

2
kerosin. ke-, kehlenaas: lädierte
aufzeichnungen im koffer; rachnaas. kni-
sterndes, gänzlich gestörtes felsbild.
lädierte köpfe ausm koffer; ursprünglich
rot. signalrot, dass mans findet. ein
zirpn kofferförmiger stimm aus ein klein
braun koffer: zu undeutlich gewordner
stimmtresor. felsbilder, ja, ausm koffer.
inmittn ein drumrum versteckter
unwahrscheinlichkeits-brikett; schlafende
bilder nur   ruhiger russ. grad mal briketts,
in schattnkrümmun' menschnbriketts. immer

3
immer schriebe ich, sagt sie, kritzelkritzel,
schrieb ich über kriege. felsbildläsionen, ja.
löschblätter di augn, augnruss übers schollen-
gelände, ja. franklins expedition di ins

feuer muss. ein zirpn? kein zirpendes abhebn
mehr; ein auskunfts-löschlösch: art felsbild,
gründlich gelöscht, ein stilles fest für
gegnstandsfotografn, für dern abflug.
rot. eines koffers ankunft.
                            wi di kamera
zwitschert!, wisi singt!
und siedeln in der luft.

autopilot. phrygische arbeit

geregeltn flugs. vom kreiseln trudeln
abschmiern vorne keine rede. das also
bis-der-sprit-ausgeht; ohne lande-
erlaubnis di geschichte. ein irgendwie
alles, nix wissn groß. orient irgndwi,
stadtgründungen staatsgründungen wir
überfliegn das, hams schon überflogn.
cockpit völlig ohne orientierun', bei
zitterndn zunehmnd gezittertn armaturn-
nadeln; allerhand lämpchn; birnchnge-
flacker, ziemlich viel rot/grün.
                                   hinter
supercoolen pilotnbrilln di hightech-
richthofens am palavern, augapfelfarbe
pupillngröße unkenntlich. hintn wird
gezogn was-das-zeuch-hält, alles super-
besoffm, beschwichtigende stewardeß.
staubfarbenes untn, irgndwi orient. ein
flußlauf, vermutlich halys (verflogn?)
oder tigris-geschimmer. ein blutstrom
scheint auf (und verschwindet): ent-
seelte heere mit sich führend, leibert-
eile, glitschiges entgleitendes treibgut.
dann wieder wolknbänke, weiter nullsicht,
ekbatanas sonne schwarz unterm shador,

reichsheere rennend, fliehende gegendn,
vorn: sturheil der ihr schlachtnlenkerblikk,
sonore stimme die sich meldet; ein hier-
spricht-ihr-kapitän: »..kapitän moira,
gläserne kanzel, wir überwindn gerade
gordion, ninive 40 grad celsius,
sonne strahl-strahl, null
warteschleife«
(verflogn).

reste   2   (türmen)

frostschwarzes dia. toroß
türmt sich, schiebt an gegn
den (»planknmorschn«) schlaf.
ein la, ein lazarettschiff?
zwischn schläfn di klammn
diarien gegneinandergeschom, ne
art löschblattlosigkeit! und hin
ruckzuck di schläfnbeine, seit-
werst austretender restlicher
rest   WIR
WERDN (UNS) DEN, SCH, DEN PFLE
GER, DEN SCHLIESSER KAUFN

aderlaß

die nacht, aderöffnend,
legt das laßeisen an da
rinnt mir der schlaf aus,
dringt der ohneschlaf vor:
mein endliches gewälz. vor
zeugn, dort.
      zum glühen zum
gellen gebrachter augnspalt
(lanzette); texanische kanüle,
kalifornisches schalterumlegn
am hochgesichertn sterbeort;
das aufschließn/der/adern das
aufschiebn schlafaufschiebn
fixieren *entstehen/der/dämpfe*;
hinter unausgeschlafenem
zeugnfenster ihr atemloses a-
derloses äugn: dies sind.. seht
meine zeugnaugn

stirnziegel

gefangener, bebnmachender
wels der sich zäh gegn die
wände wirft; bebnmachend
im schädelbassin. eines stirn-
ziegels fragment. verbrannt.
dann wieder bo-, botanischer
der kopf, gartn! unvertafelter
allererster *paduakopf* über
dessn mauer, gedächtnisrampe,
ein oleanderzweig (sagn wir) fällt.
lammpart und pogromnächte,
schlecht restauriert; ein schlagender
bebender wels nur, ein-flackern-
durchs-zimmer

verlorene klage um den space pen, *für F. M.*

des schriftfadns, (dachs)-der-knotn-
schrift alexander, bin ich verlustig
gegang, meines saumthiers **ai**; am indus,
der eisack »etsch kla«; englischer gruß,
brennerherz! projektile würfe wespnjunge
ausm mund verlierend, herzwerftn in brand:
wisi die spurn zertrampelt habn (amateur-
videos wie fast alles) um den bergknappen
der keiner ist, **ai**. aufgeschlagene geode,
sein mikroskopierter auseinandergerissener
leib vor der verschicktn baumgrenze (keine
buchn) mit kletterndm dohlenruf äugend
war ich noch (flatternde lidanzeige) **blau
kreuz tattoo**, similaunend, knie und rückn **ai**.
von irgend wassern mitgerissn, verschickt,
oder gestrudeltm reiseabteil

bläue

anläufe; anläufe, es ans laufn
zu kriegn; diese blindanläufe für
leitmotive, für handzeichn. reanimations-
versuche am themen-, am textkadaver wobei
di zungnspizze sichtbar wird: di helfer-
zungn zungnhelfer beim hantieren; dies
handfläche auf handrükkn pumpm pumpm bis
di rippm knakkn. helfershelferzungn. was
di leistn beim überm herzaas hantiern.
ein schaun, ein schaum in di runde; ein
zukkn mittn schultern, mit den zungn in
stillem, ständig wiederkehrendem licht.

stazion

the end. dies
fiepn u. rauschn; **ab-**
drehende pflegersandale.
tannendreher! der wald,
kabelwald (»verstehnsi?«), **ni-**
chz mehr zu drehn, tannendreher.
den restn erhaltender rede gelauscht;
di viehmännin spricht nich mehr;
viehmännins austherapierter rest, ihr **unter-**
suchter tropnkopf. jakob schaltet das mikro ab,
wilhelm den
tropf.

hermen. doppelhermen

1
der kopf, zentrale aufnahmestelle, ist neu.
vorsäle, vorstellungsräume, durchwandelte pr-
achtsäle; stelen und kabel. basaltherme eines
schlauchtragendn satyrs, eines weinhebers ei-
nes kargn mannes vom ortstermin, dem der kopf
neu ist, di kopfbaracke so hincontainert.

2
das berge   der sprachn   gebirge.
berge im rauch, behausungn, im erdqualm di
sprachn: so findet di landschaft im saale statt.
als schneestange, als sichtbarkeits-kegel, als
hermenschaft aus der gegend; dunkle markn in
di gegend geschichtet von händn von hand. von
hier aus gesehn: platt in di landschaftn ge-
schädelte dächer-der-welt. geschichtet, kunst-
reich und wildwuchslos, mit adrett rausgemei-
sseltn löckchn; sprachlöckchn natürlich; zum ab-
flämm'; über sorgfältig aufgemeisseltm edeldach.

3
brandopfer. das weite zundelheiner!,
der kopf ist neu (kopfweide), wenn
der mond, das möndel, seine glazzn
sehn lässt, und stumme claque in
brauner nacht, selene. cb-funk, knarznd: zundelfrieders zunge. lakonischer,
im dustern, bullenfunk. brandmalerei. »das
breughelt, kumpel, bruzzelt vor sich hin!«,
brandstättn, noch und nöcher: ungeschwärzte zungn noch. ruft flügelschuh? ruft
flügelschuh, ruft roter hahn. hermetisch
(?) abgeriegelt (?). »höchste zeit.« kö-

4
pfe und statuen. also hermenköpfe und
-statuen, erstes zimmer links, nummer
4. gefesselter weinender knabe, nymphe
mit einem wasserbeckn in der mitte des
zweitn zimmers, rechts, verschmorte kabel. sechs hermenstatuen, tritonherme,
ordentlich geschuppt. da ist der kopf
neu, jaja, gewandelte prachtseile, um
diesn fremdn, fremdsprachign (*unleserlich, streng stilisiert*), um diesen
fremdaugn bißchn di doppelbettn anzuschürn (…)

karner

die eine hälfte ist ziemlich
vollständig erhaltn. listn. sinds
andreaskreuze?, chromosomen?
gekreuzte klingn: erregte männer
auf schnaps, alte schlachtplatte
zu verkündn. gezeigtes, vollständig
geöffnetes fleisch, auch unpaarhufer-
fleisch, sicher. eine meisterzei-
chnun': die ebene, die andre hälfte,
als ätzung, im säureschutzmantel
das tal. truhenfertig. truhenfertig
zerlegter -plan. strich für strich.
eine ebene hinterlassener nachrichtn.
ohne letztn brief das nasse tal (au).
gehetzt. (»die pferdeschädel sollen
im gebüsch gestunkn ham; gesichtetes,
gesichteltes rippchn«), (*botnhaft g-
hetzt*: »besiegtnschädel andi großmastn-
der-wälder geheftet«). hinge-, hinunter-,
versunkenes fl-, die gegnd ein fleisch-
versunkener hauff. als sackgasse dead
end zeigt sich dies (truhen fertig?)
zerlegte moor; palisadndunkel. im text
weiterwatn, zäh; zählebig. palisadn-
gebiß das wotanshorstis, worthorstis

zu schützn vermeint (»intifada im links-
rheinischn«, »achwo: rechz der weser«),
ingwäonische wellentheorie die sich umbra-
schwappend bildet, undaförmiges über-
schwappn. der himmel ein blaues stadion.
-russnfront, boh, sehs noch vor mir.
voll alles mitte pferdeschädel. kleingeld
im sumpf, quintilius, geld im herzkarner;
das ist es: im bodn
losn.

mittel rhein

1

geschientes volkslied

durchphotos. tränende herzn,
nicht zum abreißn gedacht. klaps
(oder klapps) liebling, *namenrost*.
in den birnen, ein gerecktstehen
in den flaschnbirnen, stiel
bleibt dran, butterbirne, gute
graue, durchphotographierte kind-
heit, mücknmücknmückn. kamm der
(heiligen) hildegard der durch den
(antisemitismusverdacht) schopf
ging des gartens; der gärtn hauch-
und reibelaute. ein vorm waschküchn-
geruch besohlender, ein nachbar,
dessen gedächtnis, sogenanntes fa-
miliengedächtnis, *ein echt netter
nazi*, bis zu den abgefrorenen zehen
ging seines loser-ahnen, napoleons
gefrierfleisch-russland, 1812.
eisenkrone des pflückers, im
birnenlaub raschelnd, der stiel
bleibt dran (»onkel!«, »ei, nachm

kriech sofodd wiedä SPD gewählt«),
onkel. name-dropping hieß noch nicht
name-dropping, der rhein hieß nicht beresina,
mangold hieß römisch kohl und sternrenette hieß
sternrenette, und das war ein apfel;
vergiß es.

2

notgrabun'

den sprechern volksliedsprechern
fallen fallen, gerottweilertes nebst
fallerhäuschn aus den mündern. goldener
oktobermünder weinzwang. geöffnet di
nahe, der rhein überm geöffnetn zufluß;
mündung endung schlehen, winters, di
im luftzug stehen als höbe sich etwas
ab: überflogener, beabsichtigter sprach-
raum, dem, zugesprochn, schattn, aller
schattn, herausgeröntgt gehört. auf-
gerissne sprachräume, alte pflanznkupfer;
notgrabungen in achtsam sich umblätter
umblätternder luft. AUF HÖHE DES VIER-
ZIGSTN STOCKS/STARK FLOSS DER STROM/NUR
DER BERGRÜCKN DRÜBN/STRÄUBENDES RIFF/
KONGLOMERATE. bevors wie von hier zu
rheinschluchtn rheinschluchtnbildern
und ansichtn darüber kommt. ein ein-
ziger burgn-fake   soweit
das eichende auge.

3

rochushund und -berg

bildrost. alle zähne des zauns.
eine garnspule, vorkriegsemail,
di der rost *bildrost* auch noch
runterholn wird von der wand von
der wand nebn feldmohns augn-
schwärze. zunge serienzunge im
zeitraffer des hunds. DI ERNSTN
UND GRAUEN FELSWÄNDE/GOETHES
GEOLOGNHAMMER WAR HIER/GOETHES GEO-
LOGNHAMMER FANDS ECHT INTERESSANT/
ALS DI WELT/AUSBLUTENDER DACHS/RAN-
GESCHLEPPT WURDE/UND KANNENWEISE
WEIN. gerecktn kopfs. weckn zwischn
den hundezähn; entblößtes kranken-
bein. finger der di schenkelwunde
deutet, di pest. winzer winzer-
finger der den weinberg sprache
des weinbergs erklärt.

4

kopfständerleine

bei vorfahrendm wahrschauer:
geflößt, ein stygisches runter-
containert.   di eingef-
lößtn gehaspeltn aus der zizzntasse
sprachn; pelikänin, schnäbelnd, di
sich di brust öffnet, ihre brut zu
(*flößn*) DAS FLOSS IST IN DER FLÖSSER
SPRACHE WEIBLICHN GESCHLECHTS. also
geflötete ammenkommandos: »hintn muß scin«,
»raus muß sie«, »eingebrennt«, »laßt sie
nit verfalln!« undsofort.
                    geflößte
ammenkommandos über verdämmerndn,
allnfalls geflüstertn noch bettn; schwestern-
haube und -hand di tasse schnabeltasse zum
totnloch führend (*flößend*); ihre leichthin-
flößersprache, eindringlich zirpendes drüber-
hinpelikanen: »zengelnägel«, schmeichelts,
»döpperfäßchn!, forgenbohrer!« sprachcontainer
der durchs sterbezimmer geht DI FLÖSSEREI-
SPRACHE/VERATMENDER ABSPANN/KANN NOCH
                              IMMER
NICHT ZU DEN KLASSISCHN GEZÄHLT WERDN

5

-lied, -sturm

ruinenkonstrukteure. der -empfänger
hält das maul: das reich als voll-
treffer.
    di stümpfe einer irgendeiner
kurz vor schluß, schnell noch hoch-
gejagtn hindnburgbrücke. in majestä-
tischm abdrehn tiefflieger.   so,
kurz vor schluß: *di nackte projektor-
spule*, eine drosselgasse, gegnüber
irgendwo, wegspucknd. gedrosselte
dorfstraße, darin ein ein einmannloch;
schon fliegn di sich drüberhermachn.
nicht nur di köpfe pimpfmköpfe trümmer-
zone dieser zwo jungx.   dies
siamesische geschwapp; oh: lautstärke
der fliegn.

6

normale sage

bei platzendn albn, bei jungem
wein. bordlaute. bordlautsprecher,
knarznd, im fluß, den keiner kei-
ner abzustellen weiß.

*also/ein
gewisser bischof hatto/hatte
seine lagerhäuser/bis-unters-
dach/voll mit korn/und di alle
draußn/nix mehr zu fressn/macht
der di auf/alle rennen rein/hat
der di anzündn lassn/und alles/
leute un korn/verbrenn/und zur
strafe/di rheinromantik/hunger-
gesicht des mäuseturms/der frisch-
gestrichne bischof/di nachschwim-
mndn mäus/das binger loch hahaha/
di seeln der verbranntn/bei echt
lebendichm leib/wurd der bischof/
aufgefrr/*

7

trestern

maulstripper vielleicht, auf
dem das hauptauge das nebn-
auge ruht. flachsgrau heißt,
nicht hier, der strom. feder-
keil der in di brühe sticht,
stümmelzeilen, satzwingert
ausm kopfwingert zu erzeugn,
hierbei zusammgerolltes brech-
laub, ausbrechlaub am wickel:
george, winzersprachlich ge-
pantscht, wi er sommers b.
verläßt, um am lago maggiore
zu erfrieren.   so
bleibt, hrabanus maurus, der
stock im saft steckn   so, maul-
stripper, verblutn in urkundn
sich di rebn.

8

tornister, agenturenberichte.

rheinsand rheinkies in allen
körnungen: hügel im tornister,
gräber, rom im tornister. steine
der dalmatinischn und dacischn
legionäre, mithraskult im gepäck.
bandkeramik, urnenbestattung im
tornister, ziegel von heizanlagn,
das ganze römische verheizungs-
system. viergötterstein, fränki-
sche ritualkämme im rucksack,
das römische chirurgnbesteck,
mattgrüne schröpfköpfe (bronze).
missionslogistik im tornister,
xenophobie und ritualmordbeschul-
digung. frischfaxe im rucksack,
kreuzzug-news, rheinsand rhein-
kies in allen körnungen: speyer.
anfang mai. 2 judn ermordet,
zwangstaufn, 1 suizid. worms.
eine woche progromrhein, kollek-
tivselbstmord der jüdischn ge-
meinde (= wenig zwangstaufn).
mainz. tote beraubt u. nackt aus

den fenstern geworfn. »ich fordere
sie auf«, was im johlen, »di bann-
meile!« untergeht. was im johlen
untergeht der bürgerschaft, wo-
rauf, alle helfn mit, das dach
des burggrafnhauses abgedeckt wird:
hierdrin stecknse nämlich, di judn.
das folgende saubres massaker. und
rhein im tornister, rheinblei, da
di nacht sich einfindet, gelb kein
pirol in den schattn, den schattn,
wos strömt.

stromernde alpmschrift

                orthographie und interpunktion
                wurden nur behutsam modernisiert

                deilidurei faledirannurei,
                lidundei   faladaritturei!
                      (heinrich von strättlingen, 13. jh.)

1
             di alpm?
also, grooßformate drramatischster vrr-
kettungen; so dämmrunx-lilienstrahl in
riefenstahlscher lichtregie. christiani-
sierte gipfel, meinethalbn, freie fälle;
firnriß. »erstesahne-wand«, schwefelhut-,
also schwarzgelbtragend, erwartet sie,
gefirnißte jungfrau,   ja was? ein ticket
nach? freikletterers morgngruß der ein-
checkt ebn ins hotel? der alpmmaler stri-
chelt das. und firn-

2

riß. restartn, stromernd. stromernder
rest- und alpngartn; lautlose, wenn keiner
stolpert, draufsicht; angeworfne vorstrom-
ernde nebelmaschine, lautlosigkeitn im o-
ton. hier sagt man: winddurchstromertes
andachzbilt und, siehe obn, erstesahne-
want (»trag du dich schon mal ein«), a-
rnikalitanei (»arnikalitanei?«), gamsjäger-
am-laptop.

3

-JOCH/TOP OF JUROPP/DA GLÜÜN DI AGENTUREN-
SCHÄDEL. hochtourign auxx. augn als, äh,
freeclimber di sich, also di loshangeln,
sich über eine gebräunte ansichzkarte hang-
eln, di is von zirka neunzehn-zwanzich: keuch!
keuchende männchn (»ne, di is älter«), klimm-
ende hochtouristn, beklommen ihr krabbeln, hä-
nde an alpn-, an stangn, der gletscher der
ziieht sich, der rukksakk heißt rucksäck, wir
habn den eindrukk von schpringprozessjon.

4

nevale stufn. noble maschine, ferner
firner. erstdurchsteigun': knotnschrift
vom nieder-hoch-ferner, di zunge vr-
gletscherte mir (knirschnd), gespal-
tne verse unz archiv blekkt di zähne:
paläotyroler text der biß zum rip-
pmbogn (»-ragte?, -stand?, aus dem bo-
dn schoß? wi soll ich ihn das erklärn
herrwachtmeister«); also gletscherleder,
-bogn, -gamaschn, -pfeile 7,65, alsdann
magninhalt zum vorschein kam (gamskugel);
augnspalt bei linkm halbgesenktm

5

lid: erz-auge am laptop, *jagdpalimpseste*.
nach münzeinwurf zielvorstellungn; di gi-
pfl im unterzukker, abgesuchte vrrktngn,
blaulicht erscheint, in etwa clusius-enzian;
»abendnaht« beim in-di-röhre-kukkn.
lidschluß; im halbgrund lärchnmaschine fest-
gefrssn u. ragt (jagt?) dem blokk aus der
stirn. jetzt! tritt eiger aus, -nortwant
trumpft auf; wir legn di tageslichtspule
»super-x«ein, 1938 (münznachwurf): erst!
durchsteigun'!, die eiger trepaniert! indi
»retina« lächelnde haknkroizfane.

6

gestern harrer. morgenz mürren, scheuchzer,
haller betritt das gedicht. UM IN KEIN NACH-
TIGALLNHAGEL ZU GERATN / UNTER KEINE
AUTHENRIETH'SCHE MASKE / SCHWERGEATMETER
SAUERSTOFFF/ erneute alpnbreitseite, spulen-
wechsel, »wieder abgeschabt, wirkunxx-schrammn«,
-geschrammte klamm, zangnhaltun'-des-berxx in
klammem morgn (frauenlob) nach tollen nacht-
schattn (strahler am werk, alpnblende, di
schleusnöffnungen): also, nicht von schlechtn

7

älteren. lauter brunnen! ferz unz aus
der maulzange, alpnbreitseite, tageslicht-
evokation! handhabung der steuriaxxt,
gennjale bilgeribindun'! zweilütschinen,
cool man! innerer nanga parbat! postkartn
sammler betretn di blauseggnhalde, di wei-
sse lütschine di schwarze lütschine truxxtu
im haar, di eigertolle. (»preise? mittelstaz-
jonzjapaner, scheuchzers wucherblume, den e-
dlweissbutton am hosnträger«). hallerfax-
diagnose: »alpntrepanation, ungeklammert.
kettnleuchtn, hirschheil an di stirn, gl-«

8

etscher-peterskraut: der-text-duldet-kein-
gesundbetn. gipfel mattnnamen in der schnee
kugel WIR KAUFN DER SCHWEIZ EIN SCHWEIZER
MESSER / di gipfelnamen-im-herz, dom-mischabel-
hochjoch (»der arzt sacht, felsnbeinzrrtr-
ümmerun'«), schnellzement, beiker-im-liftmeer,
di zugeschraubtn wände. das bach der staub
der feldstecher, der fall; lautere brunnen:
entdekker-des-menschl.-zwischnkieferknochnz:
staubbachfälle, dein pfarrhaus alpnasyl hier,
nebn sechs-namen-im-wiesnthale, kletterergräbern,
längkst niedergelegt. di alpm sten
noch. kettnge-
leucht.

»Who's Afraid of Red, Yellow and Blue«

gebirgs-spitzkiel
dolomiten-fingerkraut
thomas-steintäschel
alpen-zeitlose
hallers schaumkresse

bergamasker wiesenknopf
westalpen-frauenmantel
crantz fingerkraut
dichternarzisse*
eisenhut**

koch'scher enzian
eisenhut**
alpen-helmkraut
scheuchzers glockenblume
hallers küchenschelle

* *n. poeticus subsp. poeticus* (perigonblätter breit, sich an der basis überdekknd, krönchen über 1 cm breit).

** zur *aconitum*-familie gehörig, enthalten eins der stärksten pflanzengifte: *aconitin*; seit dem altertum als pfeilgift bekannt, wurde *a.* zum vergiften von wölfen verwendet, etc.

Inhalt

Aus: *erprobung herzstärkender mittel*
(Gedichte 1981-1986)

erprobung herzstärkender mittel	7
kopf	8
kopf 2	9
wasserstandsbericht	10
zuleiberücken	11
aber annette	12
amptate	13
ratinger hof, zb 1	14
ratinger hof, zb 2	16
persisches pärchen	19
wespen	20
-befall	21
kontaktabzug	22
foto photo	23
abrede, gestellt	26
berlin. tagesvisum	28
die mütze	29
käptn brehms verklappung (seestück)	30
hirschmotiv	31
vages wasser, luft vage, hallers hall	32
tarnfarbe. (höllen-)bruegel	33
landmaschine	35
tag für rasuren	38

Aus: *geschmacksverstärker*
(Gedichte 1985-1988)

öffentliche verkehrsmittel	41
düsseldorfer kölemik	44
wien. arcimboldieisches zeitalter	46
geschrebertes idyll, für mike feser	57
direktleitung	59
verkehrsfunk	61
waldstück mit helikopter	62
blutbilder, ansichtskarten	64
sehschlitze und röntgenbilder	65
eins von goyas protokollen	66
terraingewinne	67
zivildienst. lazarettkopf	69
leidenfrost. quellenlage	71
animalische animation	73
psychotische polaroids	75
gestümperte synchronisation	79
hermesbaby, auspizium 70	80
sendeschluß	81
staubwalzer	82
spülstein	83
frische serviette (22. 2. 76)	84
weegee's finger	85
pathologischer boom	87
auflehnung	89
brief. probe in der eifel	90
welschkorn	92

historische land 95
gemähter mund 96
obst und gemüse-marterl 98
kreuzreise 100
stempel griebnitzsee 2 101
polares piktogramm 102
petersburger hängun' 105
finnland-flug 106

Aus: *brennstabm*
(Gedichte 1988-1990)

    di zerstörtn. ein gesang 111
    blikk durch geöffnetes garagntor 114
    landschaftsdurchdringun' 115
    GESTOKKTES BILT 116
    brandige blüthe. (als zaunkönig) 117
    DI EINE HELLIGKEIT 118
    ornithologisches zimmer 119
    mezzogiorno: luparamond 120
    valkyriur. neuskaldisch 121
    kölner pegel 122
    rheingau und ohr 124
    heimatgedicht. (persil) 125
    gedicht für übersetzerstudentn 126
    knirsch! 127
    DAS HEIL. (»paulum, ein wenig«) 128
    ENDI WARHOL † 129
    BAYER † 130

einer der felsn 131
gewürzter hals, morgendrossel 132
ausgerottete augn 133
braue 134
in flußarmen 135

TIROLTYROL
23-teilige landschafts-photographie

   3 den ellbogn, magdalena 137
   4 mühlau, † 138
   7 kitzbühel. panoramafenster 139
   8 3000er (lawinenlicht) 140
   9 GEMÄLDEGEDICHT, SCHRUNS 142
 15 schwarzgelbes stirn 144
 19 tyroler haiku 2 145
 20 schneehöhe 146

AUFNAHME MAI 1914

  8.0 147
  8.1-8.5 149

berliner bewegun' 160
WIR HABN IM SOMMER 161
mann aus reit (rheinland) 162
die fremde 163
ssfinng-uuinngx 164
von inneren minuslandschaften 165
effi b.; deutschsprachiges polaroid 166
di weite sucht 168

Aus: *nacht. sicht. gerät.*
(Gedichte 1990-1993)
    russischer digest 1 171
    russischer digest 2 173
    zweite petersburger hängun' 174
    sicht. (holbein d. j.) 176
    körperzweig (foto katalog) 177
    schwarze sylphiden 178
    -paßbild. (polke, »*the copyist*«, 1982) 179
    brandenburger wetterbericht 180
    (zwei pflanzpläne) 184
    thüringer ton 1 185
    thüringer ton 2 186
    gotha. (die beendigung der grumbach'schn
    händel) 187
    gegnsprech 188
    löschblatt. bijlmermeer 189
    autopilot. phrygische arbeit 191
    reste 2 (türmen) 193
    aderlaß 194
    stirnziegel 195
    verlorene klage um den *space pen*, für F. M. 196
    bläue 197
    stazion 198
    hermen. doppelhermen 199
    karner 201
    mittelrhein
        geschientes volkslied 203

notgrabun' 205
rochushund und -berg 206
kopfständerleine 207
-lied, -sturm 208
normale sage 209
trestern 210
tornister, agenturenberichte. 211

stromernde alpmschrift
   1-8 213
»Who's Afraid of Red, Yellow and Blue« 221

Literatur heute
Rotes Programm Suhrkamp

Reto Hänny. Ruch. *Ein Bericht*

Josef Winkler. Menschenkind. *Roman*

Ulla Berkéwicz. Josef stirbt. *Erzählung*

Rainald Goetz. Irre. *Roman*

Thomas Kling. verstärkung herzstärkender mittel / geschmacksverstärker / brennstabm / nacht.sicht.gerät. *Gedichte 1981-1993*

Werner Fritsch. Cherubim

Durs Grünbein. Von der üblen Seite. *Gedichte 1985-1992*

Norbert Gstrein. Einer. *Erzählung*

Andreas Neumeister. Äpfel vom Baum im Kies

Ralf Rothmann. Der Windfisch. *Erzählung*

Urs Faes. Sommerwende. *Roman*

Thomas Hettche. Ludwig muß sterben. *Roman*

Patrick Roth. Riverside. *Christusnovelle*

Marlene Streeruwitz. Ocean Drive. *Ein Stück*